中华青少年科学文化博览丛书·文化卷 >>>

图说世界著名陵墓 >>>

中华青少年科学文化博览丛书·文化卷

图说世界著名陵墓

TUSHUO
SHIJIE ZHUMING
LINGMU

吉林出版集团有限责任公司 | 全国百佳图书出版单位

前　言

　　陵墓,狭义言之,是指用石头或其他耐久的材料修建而成的墓地或埋葬地;广义言之,泛指各种类型的墓葬、纪念馆和陵园。

　　陵墓或称陵园,是指王公贵族,或现代著名人物的墓地建筑。中国陵墓渗透着礼制的内容,皇帝死后的埋葬地称"陵",诸侯称"封",大夫称"坟"。

　　坟丘的大小、衣襟棺椁、墓葬仪式都是按等级严加规定的。古往今来,最负盛名的陵墓往往是为国王、皇帝或其他圣贤名流兴建的雄伟建筑,也有为了纪念某个人而大兴土木,建成的宛若宫殿般的陵墓,其建筑之恢弘、设计之精致、景观之华美,令人叹为观止。

　　中国古代习用土葬,现在发掘出的新石器时代的墓葬大多为长方形或方形竖穴式土坑墓,地面没有明显的标志。

　　在河南安阳殷墟遗址中曾发现不少巨大的墓穴,有的距地表深达10余米,并有大量奴隶殉葬和车、马等随葬。

　　秦始皇陵在陕西临潼县,规模巨大,封土很高,围绕陵丘设内外二城及享殿、石刻、陪葬墓等,著名的秦始皇兵马俑便是陵墓的构造之一。

　　据记载,地下寝宫装饰华丽,随葬各种奇珍异宝,其建筑规模对后世陵墓影响很大。而在中国最近的两个封建王朝,明清两朝的陵墓都是选择群山环绕的封闭性环境作为陵区,将各帝陵协调地布置在一处。在神道上增设牌坊、大红门、碑亭等,建筑与环境密切结合在一起,创造出庄严肃穆的环境。

　　本书介绍了古埃及金字塔、秦始皇陵、泰姬陵等世界最著名的陵寝。

　　本书参考了多种文字资料,从中遴选出30座比较著名并且较有观赏价值的陵墓予以介绍。由于所涉及的地域广泛,而篇幅有限,遗珠之憾在所难免;另外,在不同的文明与文化中,墓葬的形式与特点也不尽相同,因而所选坟墓在各大洲中占的比重也难免有所侧重,希望广大读者谅解。

　　本书范围涉及古今中外,为便于读者全面了解,在着重介绍陵墓本身的情况时,也注意涉及历史、考古、地理、宗教、建筑、文艺等各个方面,并结合陵墓主人的事迹及与陵墓有关的史实、传说、神话和轶闻等穿插期间,以期能激起读者的丰富想象和审美冲动。

目　录

埃及金字塔（埃及）
　　——神秘的法老之墓 …………… 7

恭愍王陵（朝鲜）
　　——国王与王妃的双墓 ………… 13

胡马雍墓（印度）
　　——莫卧儿帝国的里程碑 ……… 18

邙山陵墓群（中国）
　　——"东方金字塔" ……………… 23

明十三陵（中国）
　　——明朝帝王的墓葬群 ………… 28

真纳墓（巴基斯坦）
　　——国父的最后栖息地 ………… 33

唐代乾陵（中国）
　　——最牢固的帝王陵墓 ………… 38

泰姬陵（印度）
　　——一滴爱的泪珠 ……………… 43

拿破仑墓（法国）
　　——一代帝王的最终归宿 ……… 49

唐太宗昭陵（中国）
　　——盛唐时期的光辉见证 ……… 54

拉雪兹神父公墓（法国）
　　——法国伟人最后的圣堂 ……… 59

图坦卡蒙墓（埃及）
　　——年轻法老的豪华陵墓 ……… 64

仁德天皇陵（日本）
　　——世界最大的前方后圆坟 …… 69

秦始皇陵（中国）
　　——最雄伟的帝王陵墓 ………… 74

甘地陵（印度）
　　——圣雄之陵 …………………… 80

目录

马赫迪陵墓（苏丹）
——苏丹人民的"独立之父" ……… 85

列宁陵墓（俄罗斯）
——苏联的缔造者 ……………… 90

哈特谢普苏特墓（埃及）
——埃及第一位女王之墓 ………… 95

达·芬奇墓（法国）
——异乡游子的家 ………………… 100

卢梭的墓（法国）
——人生的休止符 ………………… 105

尼采墓（德国）
——莱比锡的精神支柱 …………… 110

阿灵顿国家公墓（美国）
——美国的心灵之乡 ……………… 115

成吉思汗陵（中国）
——一代天骄的最后归宿 ………… 120

莎士比亚墓（英国）
——碑文震撼掘墓人 ……………… 125

汉阳陵（中国）
——文景之治的盛况 ……………… 130

马其顿王陵（希腊）
——亚历山大之父 ………………… 135

托尔斯泰墓（俄罗斯）
——世间最美的坟墓 ……………… 140

安徒生墓（丹麦）
——童话王子 ……………………… 145

西夏王陵（中国）
——东方金字塔 …………………… 150

肖邦墓（法国）
——钢琴诗人 ……………………… 155

埃及金字塔（埃及）
——神秘的法老之墓

埃及国旗

1. 4500年前的金字塔
2. 来世观念造就了大量的豪华陵墓
3. 巧夺天工的动力学原理运用
4. 守护千年的狮身人面像
5. 漫游机器人呈现绝妙内部构造

▣ 4500年前的金字塔

古埃及是世界历史上最悠久的文明古国之一。埃及金字塔是埃及古代奴隶社会的方锥形帝王陵墓，是世界七大建筑奇迹之一，也是古埃及文明的象征。其数量众多、分布广泛，尤其在开罗西南尼罗河西古城孟菲斯一带最为集中。

埃及金字塔是古埃及法老（即国王）和王后的陵墓，始建于4500年前。它是用巨大石块修砌成的方锥形建筑，因形似汉字"金"字，故译作"金字塔"。埃及迄今已发现大大小小的金字塔110座，大多建于埃及古王朝时期。

▣ 来世观念造就了大量的豪华陵墓

金字塔是古埃及奴隶制国王的陵

金字塔

寝。这些统治者在历史上称之为"法老"。古代埃及人对神的虔诚信仰，使其很早就形成了一个根深蒂固的"来世观念"，他们甚至认为"人生只不过是一个短暂的居留，而死后才是永久的存在"。因而，埃及人把冥世看做是尘世生活的延续。

受这种"来世观念"的影响，古埃及人活着的时候，就诚心备至、积极地为死后做准备。有钱的埃及人不仅忙着为自己准备坟墓，还用各种物品去装饰坟墓，以求死后获得永生。

就法老或贵族而论，他会花费几年，甚至几十年的时间去建造坟墓，还命令匠人以坟墓壁画和木制模型来描绘他死后要继续从事的驾船、狩猎、欢宴活动，以及仆人们应做的活计，等等，使他能在死后同生前一样生活得舒适如意。

巧夺天工的动力学原理运用

古埃及所有金字塔中最大的一座，是第四王朝法老胡夫的金字塔。这座大金字塔原高 146.59 米，经过几千年来的风吹雨打，顶端已经剥蚀了将近 10 米。在 1889 年巴黎建筑起埃菲尔铁塔以前，它一直是世界上最高的建筑物。这座金字塔的底面呈正方形，每边长 230 多米，绕金字塔一周，差不多要走 1000 米的路程。

胡夫的金字塔，除了以其规模的

金字塔一角

金字塔内文物

巨大令人惊叹以外,还以其高超的建筑技术而得名。塔身的石块之间,没有任何水泥之类的粘着物,而是一块石头叠在另一块石头上面。每块石头都磨得很平,至今已历时数千年,就算这样,人们也很难用一把锋利的刀刃插入石块之间的缝隙,所以能历数千年而不倒,不能不说是建筑史上的奇迹。

在大金字塔身的北侧离地面13米高处有一个用4块巨石砌成的三角形出入口。这个三角形用得很巧妙,因为如果不用三角形而用四边形,那么,100多米高的金字塔本身的巨大压力就会把这个出入口压塌。而用三角形,就使那巨大的压力均匀地分散开了。在4000多年前,人们对力学原理有这样的理解和运用,并能设计出这样的结构,确实是十分了不起的。

◤ 守护千年的狮身人面像

雄伟的狮身人面像横卧在埃及基沙台地上,守卫着卡拉夫王金字塔已达5000年之久。终年咆哮的风沙不断侵略这座庞大的石像,在长达

5 000 年的岁月中，大半时间都被数吨流沙深埋地底。

古埃及人常用狮子代表法老王，象征其无边的权力和无穷的力量，这种法老王既是神又是人的观念，促使了狮身人面混合体的产生。早在四五千年前，古埃及已出现许多狮身人面像，其中最早出现的便是基沙巨像。巨像高22米、长80米，姿态十分雄浑而优雅。

据说当时本来没有想到要雕凿狮身。金字塔竣工时，附近采石场里的石块都被挖去建造金字塔，只剩下一块巨大的圆顶石灰石，挡住卡夫拉王金字塔。

金字塔入口

有一位不知名的雕刻家独排众议，把巨石雕刻成狮身人面像，用以纪念卡夫拉王。可惜巨像雕成不久，即为流沙掩埋。1920年代，来自欧洲的考古学家合力消除了巨像的流沙，加以修葺，使这座巨像重新雄踞于卡夫拉王金字塔前，凝视着浩瀚的黄沙。

漫游机器人呈现绝妙内部构造

2002年9月13日，美国福克斯公司和国家地理频道通过电视转播为观众奉献上一套两个小时的节目，主要内容是介绍一个取名为"金字塔漫游者"的机器人的主要性能，特别是它爬进埃及大金字塔的一个神秘

黄金面具

通道后所拍摄到的情况。

这个通道的横截面面积为9平方英寸(相当于58平方厘米),位于大金字塔的王后棺木停放室南墙上方大约246英尺(相当于65米)。在这个通道的底部是一个石板,石板上有两个铜把手。

在这个石板后面到底隐藏着什么,至今没有人知道。一种理论认为,它们是为修筑金字塔内部设施的工人提供空气用的通风口。

还有一种古老的说法称这些通道为"星座通道",因为这些通道的洞口看上去都是指向大犬星座和猎户星座的方向,可能当时建筑的目的就是为了引导法老王的灵魂走上天堂。

神秘的埃及金字塔吸引许多科学家、考古学家和历史学家前往探究,也吸引世界各地的无数游客前去观光游览。

古埃及金字塔以惊人的建筑技术、独特的天文学和数学价值闻名世界,并唤起了人们的种种好奇心、推测和遐想。现在,国外有不少人又正在探究"金字塔能"的奥秘。

"金字塔能"是法国人鲍维斯发现的。早在20世纪30年代下半叶,他到胡夫大金字塔参观游览,发现在塔高三分之一处叫做"王室"的厅堂内,有一只垃圾桶。尽管"王室"的温度相当高,但堆放在桶内的有机物质

狮身人面像

此，人们估计在金字塔形构造物内有一种能量，并称之为"金字塔能"。"金字塔能"的奥秘，还有待于进一步研讨。

金字塔前的雕塑

如猫狗之类小动物的尸体，经过很长时间竟然没有腐烂、变质，反而脱水和木乃伊化了。

于是，鲍维斯突发奇想，回去后动手做了一个按比例缩小的金字塔形构造物，把死猫放在它三分之一高处的平台上，结果死猫同样没有腐烂，而是木乃伊化了。用其他有机物质做同样试验，仍然得到同样结果。

此后，许多人作了进一步的实验，证明在金字塔的该位置还能保存食物、剃刀刀片等许多东西。由

迷你知识卡

法老

"法老"是古埃及国王的尊称，也是一个神秘的名字，它是埃及语的希伯来文音译，意为大房屋，在古王国时代（约公元前2686年—公元前2181年）仅指王宫，并不涉及国王本身。习惯上把古埃及的国王通称为"法老"。"法老"作为奴隶制专制君主，掌握全国的军政、司法、宗教大权，其意志就是法律，是古埃及的最高统治者。"法老"自称是太阳神阿蒙·赖神之子，是神在地上的代理人和化身。

木乃伊

即"人工干尸"。世界许多地区都有用防腐香料护体，年久干瘪，即形成木乃伊。古埃及人笃信人死后，其灵魂不会消亡，仍会依附在尸体或雕像上。所以，法老王等死后，均用香油（或药料）涂尸防腐的方法制成木乃伊，作为对死者永生的企盼，其中以古埃及的木乃伊最为著名。

2 恭愍王陵（朝鲜）
——国王与王妃的双墓

朝鲜国旗

1. 国王和王妃一起长眠的地方
2. 三层结构的双墓
3. 王朝末期的国王画家
4. 李朝陵墓装饰的典范
5. 曾被日本轰炸盗墓

▣ 国王和王妃一起长眠的地方

恭愍王陵是高丽第三十一代王的陵墓，位于开城市开丰郡解线里。玄陵（恭愍王的陵墓）和正陵（王妃的陵墓）并排的双陵，是1365年—1372年恭愍王亲自设计、监督和强制命令人民修建的。

在以开城市为中心周边约6~8千米的范围内，有很多高丽历代国王、王妃和王族们的陵墓。特别是松岳山北面和开城的西面万寿山南面丘陵一带，共有20多座陵墓。

▣ 三层结构的双墓

陵园东西长40米，宽20米，以东西并排的双墓为中心，周围形成陵墓区。双墓分3层：上层在双墓周围筑垣，有12个石屏风围着坟头，石上雕有荷花纹、云纹和12支神像，坟用石栏杆围护，外面交错地立有石羊、石虎。

第二层有高4米的望柱石，正中放着7 200千克重的石供桌，桌面上

恭愍王陵

雕有细腻的荷花纹和鬼面纹。

第三层立有石灯，有4人文官司石像分立墓侧，另有4个武官石像分立外围，戴盔穿甲、支剑挺立。坟内是用大盘石垒成的墓室，中间为墓道，再后为棺房，棺房的东、西、北墙上各画有12支神像。王陵建筑规模宏大、设计巧妙、造型典雅、雕刻技艺精湛，具有较高的艺术价值。

12千米处的板门店就是朝鲜停战协定的签订地点。

在开城周围的众多古墓中高丽第31代王恭愍王及其王后的双墓以高超的建筑艺术和雕刻艺术而知名于世。

自918年新兴地主王建建立高丽王朝，到恭愍王时，由于海上倭寇的持续侵犯和高丽封建中央集权的极度衰弱，王朝统治岌岌可危。

恭愍王是忠肃王之子，他在位时正值中国元末农民暴动。当时，高丽王廷内握有实权的，是以大土地所有者为基础的世臣大族，他们是和蒙古王室通婚的亲元势力。

实际上恭愍王本人就是蒙古王室的驸马，取名伯颜帖木儿，长期入侍元廷，而他早年依靠的就是世臣大族奇氏和权氏的势力，但即位后由于目睹了元朝势力日衰，就果断地出兵反元，并坚决肃清了奇氏和权氏两族的势力，停止使用元朝年号，恢复高丽传统官制，在一定程度上博得了人心。

1362年，恭愍王任用了一个与

远望恭愍王陵

王朝末期的国王画家

开城作为朝鲜的直辖市，也是一座历史名城，公元918—1392年，高丽王朝就定都在这里，因为城内松林遍布，故又称"松都"，是当时的政治、经济和文化中心，也是亚洲著名的国际城市。它地处三八线以南，其城东

世臣大族无任何关系、出身卑贱的僧侣——辛旽,他是玉川寺一个女婢的儿子。恭愍王颇为赏识他对政事改革的一些见解,令其还俗,委以重任,官至真平侯。辛旽被起用后,在恭愍王的支持下放手改革,打击兼并土地的大农庄主,并设置田民辨正都监,将大农庄主掠夺的土地归还原主,还将那些奴婢恢复为良人。这样的改革加强了中央集权,防止了土地兼并,而且打击了豪强,解放了奴隶,在当时具有进步意义,符合人民的利益,故而被人民称为"圣人"。

可惜恭愍王对这位"圣人"的信任和支持却有始无终。由于辛旽的改革激怒了世臣大族,他们勾结起来,恶意诽谤他贪恋女色,进而诬告他谋反。偏听的国王终于倒向世臣大族一边,于1371年将辛旽以叛逆罪处决,从此朝政重新落入世臣大族的掌握之中,恭愍王则于1374年被宦官崔万生等弑杀身亡。

恭愍王虽然不是一个称职的君主,却是高丽王朝末期具有代表性的画家,他擅长绘画和书法,创作了很多作品,见于文献记载的就有自画像、鲁国公主(恭愍王的王后)肖像等人物画和风景画、动物画等。

李朝陵墓装饰的典范

恭愍王的玄陵和王后鲁国公主的正陵并排坐落的双墓,始建于1365年,到1372年建成。陵园呈长方形,东西长40米,宽20米,以东西并排

墓内壁画

的双墓为中心。

两墓相隔0.61米，东西两侧各铺有宽24米，长40米的3层长方形大台阶。大台阶间的高度从上到下分别为1.2米、1.4米，在大台阶正面及两旁共设了4处小台阶连通。大台阶下面是宽敞的小台阶，一直延续到山下。从最下一层小台阶到最上一层大台阶的高度有15米。

双墓建在1米厚的12边形石基之上，墓的东西北三面用花岗石垒成一圈高3米的围墙。玄陵居左、正陵居右，是由恭愍王生前亲自选定陵位并按同一规格营造的。

墓高约6.5米，对角直径约为13.7米，由于水土流失，正陵稍低于玄陵。墓边围以一圈12角形屏风式石墙相护，石屏风上雕有荷花纹、云纹和12地神像。屏风外又围一圈与其平行的石栏杆，双墓间有1.2米宽的走廊连通，石栏杆外交错地置放着石羊和石虎。

上数第一层大台阶上有高4米的望柱石，正中放着7 200千克重的石供桌，桌面上雕有细腻优雅的荷花纹和鬼面纹；第一层与第二层大台阶之间正面的两处小石阶前分别有一幢石灯。

第二层大台阶的左右两侧边缘立着4尊文官雕像，第三层大台阶

王陵园入口

恭愍王墓前的雕像

与其相对立着4尊武官雕像,武官雕像顶盔挂甲、支剑挺立、威风凛凛,文官雕像则文质彬彬,这种造型生动的文武石像沿袭了从前的陵墓雕刻式样,具有这类纪念碑雕刻应有的威严庄重和装饰效果,作为陵墓装饰手法,成为后来李朝陵墓装饰的典范。

曾被日本轰炸盗墓

王陵内部用大盘石垒成,中间为墓道,再后是墓室,墓室东、北、西三面墙上各画有12地神像中的4个神灵。天棚分北、南、东南三个方位各画有北斗七星、三圣和太阳。

恭愍王陵尽管体现着君王至上的封建意识,但它同时也是高丽人民高超的建筑艺术与雕刻艺术的象征。它的整个布局和各个形象都继承了前代的传统并升华到更高的境界。

日本帝国主义统治朝鲜时期,曾炸毁王陵,盗走许多珍贵遗物。朝鲜解放后,恭愍王陵又得到重修,恢复了昔日的光彩。

高丽

高丽(公元918年—1392年)又称高丽王朝、王氏高丽,是朝鲜封建王朝之一。新罗末年,新罗王族弓裔建立泰封国,尚州土豪甄萱建立后百济国。918年泰封部将杀弓裔自立,建立高丽国,高丽国在清朝前都附属于中国。935年灭新罗。936年灭后百济,基本统一朝鲜半岛,首都开京(今开城)。1392年被朝鲜王朝取代。

《朝鲜停战协定》

全称《朝鲜人民军最高司令官及中国人民志愿军司令员一方与联合国军总司令另一方关于朝鲜军事停战的协定》。1953年7月27日在朝鲜板门店签订,并同日生效。协定规定,协定各条款在未为双方共同接受的修正与增补、或未为双方政治级和平解决的适当协定中的规定所明确代替前,一直有效。

3 胡马雍墓(印度)
——莫卧儿帝国的里程碑

印度国旗

1. 阿克巴时代莫卧儿建筑的里程碑
2. 印度著名的伊斯兰教古建筑
3. 华美的白色圆顶寝宫
4. 流亡的胡马雍
5. 荒诞的祈祷轶事

■ 阿克巴时代莫卧儿建筑的里程碑

胡马雍陵，位于印度首都新德里的东南郊。印度的建筑在莫卧儿帝国时期达到了登峰造极的程度。

18世纪以前，这个帝国的几乎每一位皇帝都在他们身后留下了若干出色的大型建筑，可以说，除了莫卧儿帝国的第六代统治者奥朗则布以外，所有早期的印度莫卧儿统治者都是伟大的建筑师。

胡马雍的陵墓是阿克巴时代莫卧儿建筑风格发展中一个突出的里程碑。它巧妙地融合了伊斯兰建筑和印度教建筑的风格，开创了伊斯兰建筑史上的一代新风。

陵园内景色优美，棕榈、丝柏纵横成行，芳草如茵、喷泉四溅，实际上是一个布局考究的大花园。

胡马雍陵石棺

我们看到的胡马雍墓并不是墓中这位莫卧儿帝国第二代统治者本人的杰作。这座1569年初建成的印度现存最早的莫卧儿式建筑，坐落在德里东部朱木拿河畔，是1565年由帝后哈克·贝克姆主持修建、米拉克·朱尔扎·吉亚斯设计的。

这位帝后是一个波斯学者的女儿，她是在1542年初与流亡的胡马雍结婚的。说起胡马雍的流亡，那得完全归咎于他自身的软弱与优柔寡断。

他的父亲巴布尔是莫卧儿帝国

的奠基者,这位突厥人和蒙古人的后裔,是亚洲历史上最富传奇性的人物之一。而胡马雍虽然像其他莫卧儿帝王一样知书达礼而且喜爱文化,甚至在流亡波斯期间仍在研究中国和波斯的艺术,却缺乏他父亲所具有的智慧、谨慎以及坚强的决心和坚韧不拔的精神,这一切在当时的情况下是极其重要的。

一生忙于流亡和征战的巴布尔虽然在1526年建立了莫卧儿王朝,但他无暇制订新的法律和整顿行政,因而他留给长子胡马雍的是一个既不完善又不稳固的政权。

23岁的胡马雍登基时局势很不稳定,由于种种矛盾和冲突,他不能指望得到他的亲属、朝臣和军队的可靠支持,而被征服者的意图反叛和外部敌对势力的日益增长都是对这位不称职的国王的威胁。

印度著名的伊斯兰教古建筑

胡马雍陵为莫卧儿王朝第二代帝王胡马雍及其王妃的陵墓,位于印度首都新德里的东南郊——德里东部来穆纳河畔。于1572年建成,陵墓全部用红砂岩建造,外观宏伟壮观,是印度著名的伊斯兰教古建筑。

胡马雍陵同时也是印度次大陆的第一座花园陵墓,有着特殊的文化意义,它引起了重要的建筑领域创新并在泰姬陵的建筑中达到顶峰,是印度最早的莫卧儿式建筑。

胡马雍陵于1565年由胡马雍的遗孀下令建造,1572年阿克巴大帝执政时落成。陵墓坐落在一

胡马雍陵近景

个布局适中的花园里,墙四面各开有一个高大的门。陵墓所在的寝宫形如瓣开放的花朵,宏伟壮观,全部用红砂岩砌成,并以内嵌的白色大理石花纹图案装饰。

寝宫上方有低矮的穹顶。这座陵园冬日笼罩于烟雾中,更增一股神秘感。据说,别致大方的泰姬陵也吸取了它的某些设计式样。如今这座古老的伊斯兰教建筑已成为印度著名的文化名胜景观。

华美的白色圆顶寝宫

整个陵墓给人一种威严、宏伟而又端庄明丽的感觉,一扫过往伊斯兰陵墓灰暗、阴森的风格。

胡马雍和皇后的石棺安放在寝宫正中,两侧宫室放着莫卧儿王朝5个帝王的石棺。从红砂石精细的镂花、花园式的内景到四周墙壁上的拱型大门,这一切构成典型的莫卧儿风格。据说亚格拉的泰姬陵就是仿照胡马雍墓建造的。

这组建筑群规模宏大,布局完整。整个陵园坐北朝南,平面呈长方形,四周环绕着长约2 000米的红砂石围墙。陵园大门用灰石建造,是一个八角形的楼阁式建筑,表面用大理石和红砂石的碎块,镶嵌成一幅幅绚丽的图案。

陵园正中是其主体建筑,高约24米的正方形陵墓,它耸立在47.5

圆顶寝宫特写

米见方的高大石台上。

陵体四周有4座大门，门楣上方呈圆弧形，线条柔和；四壁是分上下两层排列整齐的小拱门，陵墓顶部中央有优雅的半球形白色大理石圆顶。

陵墓内精美的内室

这种圆顶的设计及其修建的方法特别引人入胜，在印度建筑中，至少在其完美的形式中，双层圆顶的显著优点初次体现出来，这是一种在西亚相当长时期以来所施行的圆顶建筑形式，它在胡马雍陵墓中的应用，证明这座陵墓的建筑者曾参与波斯的建筑实践。

这种圆顶是由两个单独的拱顶组成的，一个在上，一个在下，上下之间留有间隙；外层拱顶支撑着白色大理石外壳，内层则形成覆盖下面墓室的穹窿。外层拱顶中央竖立着一座黄色的金属小尖塔，光芒四射。

寝宫内部呈放射状，通向两侧高22米的八角形宫室，宫室上面各有两个圆顶八角形的凉亭，为中央的大圆顶作陪衬，宫室两面是翼房和游廊。

流亡的胡马雍

与阿富汗复兴的斗士舍尔沙的冲突是胡马雍不幸的开始。1539年和1540年他两度被舍尔沙打败，军队丧失殆尽，从而毁灭了巴布尔在印度的事业，使印度斯坦的统治又再次转入阿富汗人之手，胡马雍也不得不开始他约15年的流亡生活。后来他时来运转，得到伊朗萨非王朝的帮助，趁舍尔沙建立的苏尔王朝内乱之机，卷土重来，挽回了以往的失败，巴布尔开创的帝国总算失而复得。

荒诞的祈祷轶事

这样的一波三折，一方面是由于胡马雍的无能造成的，另一方面却也同巴布尔的早逝使他无法巩固自己

图说世界著名陵墓

设计独特的窗户

对北印的征服有关。说起胡马雍父亲的去世，还有一则比较荒诞的轶事。据说胡马雍生过一次大病，巴布尔曾为此热切地向真主祈祷，要真主把他儿子的病转移到他自己的身上，因此在儿子开始好转的时候，父亲的健康就渐渐垮了下来，到胡马雍康复后两三个月，他就去世了。

而他那个叫做"幸运者"的儿子却未免太名不副实了，1556年1月24日，恢复了莫卧儿统治的胡马雍，还未尽情地享受得之不易的胜利，就意外地从德里的藏书楼的楼梯上跌了下来，并因此而丧命。当时他远未确保对印度斯坦族的霸权，不过，他的儿子要比他强得多，这个叫阿克巴的第三代帝王扩大并巩固了乃祖父开创的莫卧儿帝国，成为这座辉煌的"帝国大厦"的建筑师。

迷你知识卡

莫卧儿王朝

统治南亚次大陆绝大部分地区的伊斯兰教封建王朝。又名蒙兀儿王朝、莫卧儿帝国。是巴布尔建立的印度朝代。该帝国的官方语言是波斯语，但是统治者是有突厥血统的蒙古人，是帖木儿后裔。

真主

是伊斯兰教经典《古兰经》中宇宙最高的独一存在、应受崇拜的主宰名称。音译：安拉胡（俗称：安拉）。通用中文的穆斯林因唯一真实的主宰而称为真主，早期经文翻译以"至仁主"最常用。

真主是全世界穆斯林崇拜的唯一主宰，被认为是创造宇宙万物并且是养育全世界的，今世派遣众多先知向人类传达真理，后世进行公平清算的主宰。

4 邙山陵墓群（中国）
——"东方金字塔"

中国国旗

1. 中国埋葬帝王最多的地方
2. 东方金字塔
3. 久负盛名的 13 朝古都
4. 拥有众多著名陵墓
5. 著名的地下文物宝库

◨ 中国埋葬帝王最多的地方

邙山陵墓群位于河南省洛阳市、孟津县境内东西长近 50 千米、南北宽约 20 千米的邙山上。包括了孟津和偃师以及洛阳市的西工区、老城区、洛龙区等 5 个区，涵盖了 20 多个乡镇，360 多个自然村。有东汉、曹魏、西晋、北魏四朝十几个帝王的陵墓及皇族、大臣的陪葬墓，总数在千座以上，为东汉至三国时期的古墓。

陵墓群西至孟津县常袋乡酒流凹村—洛阳市郊红山乡杨冢村一线，东至偃师山化乡南游殿村—山化乡忠义村一线，大致呈东西向长条形分布。

邙山陵墓群面积为 756 平方千米，有大型的封土墓 970 多座，古墓葬有数十万之多。陵墓群中包括东周时期的王墓 8 座，东汉帝陵 5 座，曹魏帝陵 1 座，西晋帝陵 5 座，北魏帝陵 4 座，五代后唐帝陵 1 座。是中国埋葬帝王最多的地方。

设计独特的窗户

◨ 东方金字塔

邙山陵墓群是中国面积较大的国家文物保护单位，也是世界上古代陵墓分布较为集中的地区之一，有"东方金字塔"之称。

晋人陶渊明诗云："一旦百岁后，

相与归北邙。"唐人王建诗云："北邙山头少闲土，尽是洛阳人旧墓。旧墓人家旧葬多，堆着黄金无买处。"邙山上有东周、东汉、曹魏、西晋、北魏、后唐六代共计24座帝王的陵墓及其陪葬墓群。这些陵冢交错毗连，高数十米，周长上百米，宛如小山般矗立，历尽沧桑，仍不失霸气。

米。这里属于低山丘陵地带，海拔高度120～340米。地势起伏平缓，高亢空旷。黄土土层深厚，粘结性好，坚固致密，适于营建墓茔。

从东周时期开始，邙山便成为人们理想的安息之地，此后的两千多年逐渐形成了崇尚归葬的习俗。久而久之形成了冢台林立，松柏郁郁，墓碑高耸，石刻成群的景象。

拥有众多著名陵墓

东汉陵区：东汉定都洛阳，历11帝，有10帝葬于洛阳，5帝葬于邙山，分别是光武帝的原陵、安帝的恭陵、顺帝的宪陵、冲帝的怀陵、灵帝的文陵。原陵坐落在邙山之北的黄河滩上，位于今孟津县铁谢村西南。此陵内的帝王选陵，不是背山而河，而是枕河蹬山，为全国独一无二。

曹魏陵区：曹魏共历5帝46年。其中开国皇帝文帝丕、明帝睿、高贵乡公曹髦死后葬洛阳。文帝曹丕倡导俭葬，他依山为陵（即沿山挖洞），葬于邙山首阳山，故称首阳陵。明帝曹睿的陵墓称高平陵。高贵乡公曹髦称帝后，不甘为大将军司马昭手中

汉光武帝陵

久负盛名的13朝古都

河南洛阳是中国久负盛名的古代都城，前后有13个王朝在这里建都，建都时间长达千余年，周围分布着大量的古代陵墓和陪葬墓群。

邙山陵墓群位于洛阳市的北部、东部和东北部。地跨洛阳市所属的西工区、老城区、涧西区、瀍河区、洛龙区、偃师市、孟津县七个区县。所在区域东西长50千米，南北宽20千

玩物，于公元260年5月，率300多个太监、侍卫讨伐司马昭，结果被司马昭部将成济一戟刺死，后被以王礼安葬。

西晋陵区：西晋共历4帝52年。其中武帝司马炎、惠帝司马衷崩于洛阳，葬于首阳山。

公元265年，司马炎登上皇位，分别追尊司马懿、司马师、司马昭为宣帝、景帝和文帝，所以，西晋陵区共有5座皇陵，分别为高原陵、峻平陵、崇阳陵、峻阳陵、太阳陵。

北魏陵区：北魏都洛阳共历8帝41年。现已确认埋葬在洛阳邙山的有4帝，即孝文帝元宏、宣武帝元恪、孝明帝元诩、孝庄帝元子攸，其陵分别为长陵、景陵、定陵、静陵。

北魏为北方鲜卑人政权，其民族善于骑射，骠悍凶猛。但孝文帝远见卓识，迁都洛阳，推行汉化，成就了中华第一次民族大融合。

他诏"迁洛之民，死葬河南，不得北还。于是，北人南迁者，悉为河南洛阳人"。他自己则身体力行，死后葬今孟津官屯村南的长陵。

长陵，高35米，直径60米，当地人称"大冢"。景陵，是宣武帝元恪的陵墓，位于长陵之南、今冢头村东。

正在发掘中的陵墓遗址

曹休印章

《资治通鉴》说，唐武德四年，李世民曾登魏宣武帝陵察看王世充军情，足见景陵地势高峻。另外，后唐明宗李嗣源的徽陵及闵帝李从厚、末帝李从珂陵、以及三国时期蜀代末主刘禅、南唐后主李煜、后蜀末主孟昶等陵墓也均在邙山陵墓区内。

著名的地下文物宝库

在邙山陵墓群曾出土了数以万计的珍贵文物，具有很高的历史、艺术、科学价值。世界许多知名博物馆、艺术馆都收藏有邙山出土的文物。

历史上，邙山陵墓群所遭受的破坏主要来自战火和有组织、大规模的盗掘。汉代时董卓曾烧毁了许多邙山墓葬，现在邙山上的考古发掘中，还能发现一些红烧土。洛阳的地理位置又决定了其是兵家必争之地，这导致洛阳在历史上经常处于失控状态，其地下丰富的宝藏，也就成了历史上大小军阀支撑军力的财物来源。有组织的盗掘和不断的私人盗掘使得邙山陵墓群遭到极大破坏。

近代以后几种常见的破坏形式有水土流失、取土、建房、打窑洞、烧砖窑、开荒种地、改作它用、非法建设等，其中，风雨侵蚀造成的影响较小，

邙山陵墓群之一

主要破坏来自居民生产、生活中自觉、不自觉的侵蚀。

20世纪50年代后,对墓冢的破坏主要集中在20世纪50年代"大跃进"、60年代"四清"、70年代"学大寨"平整土地和八九十年代工业化四个历史时期。

其中,50年代以前,夷平13座墓冢,50年代夷平68座,60年代夷平138座,70年代夷平167座,80年代至本世纪初夷平40座,还有很多墓冢破坏年代不详。截至2011年邙山陵墓群972座大型封土墓中,近三分之二的古墓冢封土已损失殆尽,仅有339座尚存。

2000年以后,洛阳市对邙山陵墓群的保护和开发做了大量工作。

2001年,邙山陵墓群成为中国全国重点文物保护单位,随后,又成为国家"十一五"期间100处重点保护的大遗址之一。2003年,洛阳市启动了邙山陵墓群考古调查与勘测,调查小组踏遍陵墓群地域内所有村庄,行程5万余千米,访问群众千余人,累计发掘遗址面积2.9万平方米,发掘古墓葬216座,初步建立了墓冢编号系统,为文物保护和进一步的考古学研究奠定了基础。

洛阳市也不断加大对文物犯罪的打击力度。邙山陵墓群范围内陆续建成古代艺术博物馆、古代壁画馆和正在建设的曹休大将军博物馆,对文物进行保护和展示。其中以东周王陵为依托建立的周山森林公园,绿化面积500多公顷,是河南省级森林公园。

曹休墓发掘一角

迷你知识卡

洛阳

简称"洛",地处古洛水北岸而得名,地处九州之中;有五千年文明史四千余年建城史,以洛阳为中心的河洛地区是中华文明的发源地,世界上第一座统筹规划的城市;自夏朝开始有13个王朝在此定都。河图洛书在此诞生,儒、释、道、玄、理肇始于此,科举制度创建于此,丝绸之路与隋唐大运河在此交汇,五大都城遗址、邙山古墓群和天子驾六震惊世界。

明十三陵（中国）
——明朝帝王的墓葬群

中国国旗

1. 世界上保存完整最多的墓葬群
2. 明迁都北京后13位皇帝的陵墓
3. 未葬在十三陵的另外三个皇帝
4. "天造地设"的风水宝地
5. 这里也为太监设立了墓地

■ 世界上保存完整最多的墓葬群

明十三陵是中国明朝皇帝的墓葬群，坐落在北京西北郊昌平区境内的燕山山麓的天寿山。这里自永乐七年（1409）五月始作长陵，到明朝最后一帝崇祯葬入思陵止，其间230多年，先后修建了十三座皇帝陵墓、七座妃子墓、一座太监墓。共埋葬了十三位皇帝、二十三位皇后、两位太子、三十余名妃嫔、一位太监。

明十三陵是中国历代帝王陵寝建筑中保存得比较好的一处。1991年，十三陵被国家旅游局确定为"中国旅游胜地四十佳"之一。1992年，十三陵被"北京旅游世界之最"评选委员会评为"是世界上保存完整埋葬

明十三陵是世界文化遗产

皇帝最多的墓葬群。"

■ 明迁都北京后13位皇帝的陵墓

明十三陵地处东、西、北三面环山的小盆地之中，陵区周围群山环抱，中部为平原，陵前有小河曲折蜿蜒，山明水秀，景色宜人。十三座皇陵均依山而筑，分别建在东、西、北三

面的山麓上，形成了体系完整、规模宏大、气势磅礴的陵寝建筑群。明代术士认为，这里是"风水"胜境，绝佳"吉壤"。因此被明朝选为营建皇陵的"万年寿域"。

这座陵园距今已有300～600多年历史。陵区占地面积达40平方千米，是中国乃至世界现存规模最大、帝后陵寝最多的一处皇陵建筑群。明代时，于途中的沙河镇北，建有七孔石造"朝宗桥"。在镇东，则筑有壮丽的"巩华城"。该城原为嘉靖皇帝祭陵时中途休息的行宫，现为仅存遗址。

◤ 未葬在十三陵的另外三个皇帝

明朝历经十六帝，为什么叫十三陵呢？这要追述一下明朝的历史。明朝开国皇帝朱元璋，建都于南京，死后葬于南京钟山之阳称"明孝陵"。因朱元璋之子、建文帝朱允文之叔父朱棣以"靖难"（为皇帝解除危难之意）为名发兵打到南京，建文帝不知所终。有人说他出家当了和尚，因为下落不明（这在明朝历史上是一个悬案），所以没有陵墓。

第七帝朱祁钰，因其兄英宗皇

帝被瓦剌所俘,在太后和大臣的旨意下即了帝位。后英宗被放回,在心腹党羽的策划下,搞了一场"夺门之变",英宗复辟,又做了皇帝。朱祁钰被害死,一说是朱祁钰得病而死,英宗不承认他是皇帝,将其在天寿山区域内修建的陵墓也给捣毁了。

而以"王"的身份将他葬于北京西郊玉泉山。这样,明朝十六帝有两位葬在别处,一位下落不明,其余十三位都葬在天寿山,所以称"明十三陵",建文帝最终是自焚还是从秘密隧道中逃走,至今还是个谜。

■ "天造地设"的风水宝地

十三陵是一个天然具有规格的山区,其山属太行余脉,西通居庸,北通黄花镇,南向昌平州,不仅是陵寝之屏障,实乃京师之北屏。明末清初著名学者顾炎武曾写诗描述这里的优胜形势:"群山自南来,势若蛟龙翔;东趾踞卢龙,西脊驰太行;后尻坐黄花(指黄花镇),前面临神京;中有万年宅,名曰康家庄;可容百万人,豁然开明堂。"这一优美的自然景观被封建统治者视为风水宝地。

明十三陵,既是一个统一的整体,各陵又自成一个独立的单位,陵墓规格大同小异。每座陵墓分别建于一座山前。陵与陵之间少至 500 米,多至 8 000 米。在中国传统风水学说的指导下,十三陵从选址到规划

明十三陵

设计，都十分注重陵寝建筑与大自然山川、水流和植被的和谐统一，追求形同"天造地设"的完美境界，用以体现"天人合一"的哲学观点。

十三陵神道雕塑

英国著名史家李约瑟说：皇陵在中国建筑形制上是一个重大的成就它整个图案的内容也许就是整个建筑部分与风景艺术相结合的最伟大的例子。他评价十三陵是"最大的杰作"。

明十三陵拥有很多著名景点。神路是明十三陵的第一个景点，由石牌坊、大红门、碑楼、石像生、龙凤门等组成。

石牌坊为陵区前的第一座建筑物，建于1540年（嘉靖十九年）。牌坊结构为五楹、六柱、十一楼，全部用汉白玉雕砌，在额枋和柱石的上下，刻有龙、云图纹及麒麟、狮子等浮雕。这些图纹上原来曾饰有各色彩漆，因年代久远，现已剥蚀净尽。整个牌坊结构恢宏，雕刻精美，反映了明代石质建筑工艺的卓越水平。

石雕群：是陵前放置的石雕人、兽，古称石像生（石人又称翁仲）。从碑亭北的两根六角形的石柱起，至龙凤门止的千米神道两旁，整齐地排列着24只石兽和12个石人，造型生动，雕刻精细，深为游人所喜爱。其数量之多，形体之大，雕琢之精，保存之好，是古代陵园中罕见的。石兽共分6种，每种4只，均呈两立两跪状。将它们陈列于此，赋有一定含义。例如，雄狮威武，而且善战；獬豸为传说中的神兽，善辨忠奸，惯用头上的独角去顶触邪恶之人。狮子和獬豸均是象征守陵的卫士。麒麟，为传说中的"仁兽"，表示吉祥之意。

明定陵：明代第十三帝神宗显皇帝朱翊钧（年号万历）的陵墓。这里还葬有他的两个皇后。该陵坐落在大峪山下，位于长陵西南方，建于1584年—1590年（万历十二年至万历十八年）。主要建筑有棱恩门、棱

明蜀王陵地宫入口

恩殿、宝城、明楼和地下宫殿等，占地182 000平方米。它是十三陵中唯一一座被发掘了的陵墓。定陵地宫可供游人参观。

泰陵：明泰陵，位于笔架山东南麓，这里又称"施家台"，或"史家山"，是明朝第九帝孝宗敬皇帝朱祐樘（年号弘治）及皇后张氏的合葬陵寝。

明朝弘治皇帝朱祐樘还是中国封建社会皇帝中唯——个只有一个女人的皇帝。

这里也为太监设立了墓地

明十三陵的陪葬墓共有八座，其中七座妃子（太子）墓，一座太监墓。分别是：东井、西井：一说是明成祖十六妃殉葬墓，又一说是明成祖昭献贵妃王氏和昭顺贤妃喻氏的陪葬墓，期待考古发掘的考证。万娘坟：即"万贵妃墓"，葬明宪宗皇贵妃万氏。悼陵：即"世宗三妃墓"，俗称大宫，葬明世宗的皇贵妃沈氏、文贵妃、卢靖妃。世宗贤妃墓：即"世宗六妃、二太子墓"或"四妃、二太子墓"。葬明世宗的郑贤妃、皇贵妃阎氏、皇贵妃王氏、周贵妃、杨荣妃、马贞妃、哀冲太子、庄敬太子。郑贵妃墓：葬明神宗万历皇帝的皇贵妃郑氏。

神宗四妃墓：葬明神宗万历皇帝的皇贵妃李氏（即李敬妃）、李顺妃、刘昭妃、周端妃。王承恩墓：葬明思宗崇祯皇帝的心腹太监王承恩。

迷你知识卡

殉葬

又称陪葬，是指以器物、牲畜甚至活人陪同死者葬入墓穴，以保证死者亡魂的冥福。以活人陪葬，是古代丧葬常有的习俗。有的是死者的妻妾、侍仆被随同埋葬，也有用俑、财物、器具等随葬。龙山文化时期（约五千年以前）就出现人殉，商朝男女贵族墓葬有大量的人殉，但没有夫妻合葬、妻妇殉夫的现象。

6 真纳墓（巴基斯坦）
——国父的最后栖息地

巴基斯坦国旗

1. 巴基斯坦国父的陵墓
2. 周恩来总理赠送的吊灯
3. 民族独立运动的领袖
4. 穆斯林的呐喊者
5. 巴基斯坦独立日

◪ 巴基斯坦国父的陵墓

真纳墓位于巴基斯坦第一大城市卡拉奇东南面，是一座高大圆顶的白色建筑，是巴基斯坦国父——穆罕默德·阿里·真纳的陵墓。

穆罕默德·阿里·真纳为巴基斯坦国家的建设，贡献了自己毕生的精力，在巴基斯坦人民中间享有崇高的威望。早在20世纪初，正当英帝国主义统治下的南亚次大陆人民开始觉醒的时候，他就投身于政界，积极组织从事民族独立活动。

1936年，他领导下的穆斯林联盟，在拉合尔的一次会议上提出了建立穆斯林国家的最初设想，并把这个国家定名为"巴基斯坦"，意思是"纯洁的国土"。

此后，在真纳的领导下，次大陆的穆斯林经过艰苦而顽强的斗争，终

守卫真纳墓的卫兵

于在1947年8月14日建立了世界上第一个伊斯兰国家——巴基斯坦。

◪ 周恩来总理赠送的吊灯

巴基斯坦诞生一年后，真纳于

1948年9月11日逝世。为纪念这位伟大的国父,巴基斯坦政府在当时的首都卡拉奇建造了这座陵墓。整座陵墓全部用纯白大理石建成,造型独特,具有浓郁的民族特色。

陵墓主体分为两个部分:上半部是莫卧儿式的拱顶,下半部是下大上小略呈锥形的立方体。建筑物四面各有一扇狭长的北非式样的拱门,每扇门都饰以优质红铜做成的镂花门栅,雕工十分精细。

红铜的门饰闪闪发亮,在色彩上给这座洁白的建筑物以鲜明有力的烘托。整座陵墓肃穆而不呆板,线条简单明快,风格浑厚凝重,朴实无华。真纳的棺椁安放在大厅正中,头的一侧有一块白色大理石的墓碑,上面镌刻着他的名字和生卒年月。

棺椁的四周用银制的栏杆围了起来,正上方,有一盏中国式枝型水晶吊灯,玲珑剔透、金碧辉煌,为陵墓增色不少。这盏吊灯是中国上海专门为真纳陵墓生产制造、周恩来总理赠送的。

陵墓四周各有一名士兵站岗,陆海空三军轮流,一天24小时不间断,每小时换一次岗,士兵们持枪正步走,值班军官大声喊口令,这也成为这座陵墓的特色之一。

陵墓周围是一片片绿茵茵的草坪和各色鲜花,正门路上还有多座喷泉,白色的水柱宛如游龙,碧蓝的天空下,高大而挺拔的椰子树临风摇曳。

瞻仰真纳的人们

民族独立运动的领袖

1947年8月11日,巴基斯坦召开了制宪会议,年过古稀、身材瘦高的会议主席向代表们宣布:"你们自由了!你们可以自由地到庙宇去,到清真寺去,或者到这个巴基斯坦国家的任何做礼拜的地方去。不论你们属于什么宗教、种族或信仰,都毫不妨碍我们都是同一个国家的公民,而且是平等的公民的这一基本原则。"

这个宣布巴基斯坦独立的老人

就是巴基斯坦民族独立运动的领袖,巴基斯坦国的创建者穆罕默德·阿里·真纳。尽管这个独立的伊斯兰国家的成立是以分裂"印度这美丽新娘的双眼"(指印度教徒和穆斯林教徒)为代价的,更由此造成了两派教徒长期的大规模的宗教骚乱及相互仇杀,并使整个国家淹没在一场空前的逃亡人潮中,然而这些复杂的问题丝毫不能损害巴基斯坦人民对独立和为他们赢得独立自由的人的热爱。

因此,当他们的国父真纳积劳成疾辞世以后,巴基斯坦政府按照人民的意愿,毫不吝惜地花费了近5亿法郎和近30年的时间,为真纳建造了一座雄伟的陵墓,以表达全体巴基斯坦人民对他的感激之情。

■ 穆斯林的呐喊者

真纳诞生于一个商人家庭,16岁赴伦敦学习法律,深受英国自由主义思想的影响。1906年参加了国大党,1912年加入穆斯林联盟。作为穆斯林的领袖,真纳虽然不赞成甘地的不合作运动,但还是在相当长的时期内努力维护两派之间的团结。

真纳一再呼吁对待穆斯林要公正,但无济于事。在讨论如何在中央和省的立法机构中分配席位的第二次圆桌会议上,甘地无视穆斯林对席

真纳墓

伟大国父真纳石棺

位的要求,大声疾呼"国大党代表85%以上的印度人",真纳大失所望,感觉受到了"平生最沉重的打击。"1937年大选胜利后,国大党更是趾高气扬,对真纳提出的"以平等伙伴的身份而工作"的建议不屑一顾,并暴露了兼并穆斯林联盟的企图。

长期致力于教派团结的真纳终于在现实的打击下,成了一位建立"西北印度穆斯林国家"这一设想的坚决拥护者。他开始认识到,所谓印度教徒和穆斯林能逐渐融合成一个民族的理论只不过是个梦想,"它们必须分享对于自己共同祖国的管理权。"1940年,分治正式成为穆斯林联盟的奋斗目标。

巴基斯坦独立日

经过几番周折和斗争,1947年7月,英国议会通过印度独立法案,规定建立"两个独立的自治领:印度和巴基斯坦"。

1947年8月15日,英国政府把一切权力移交给两个自治领的制宪议会。英国在印度次大陆的殖民统治正式结束,巴基斯坦独立了。

真纳的梦想终于实现了,他曾以为自己不能活着看到这一天。然而,他为此付出的过人毅力却使他失去了充沛的活力和健康的身体,肺结核病正在不断地吞噬着这位巴基斯坦之父的身躯。

当时巴基斯坦国库空虚,濒临破产,印度拒绝偿还巴基斯坦一笔达5亿5千万卢比的款项,真纳面临的处境岌岌可危。然而真纳以其一生中惯有的勇气,一直战斗到生命的最后一息,以期为亲爱的巴基斯坦的未来打下坚实的基础。他在去世前仍然一如往日,坚强不屈。

当生命的最后时刻来临时,真纳面对医生的安慰,神态清醒地凝视着他说:"我知道自己不久于人世了。"

半小时后,真纳与世长辞了,而巴基斯坦则安然度过了建国后的困难时期。

真纳被葬在了他的家乡卡拉奇,在真纳不屈不挠的努力下,卡拉奇已发展成巴基斯坦的临时首都。如今它是巴基斯坦第一大城市和最大港口,信德省的省会、全国工商业和金融业中心。

真纳墓巍然矗立在卡拉奇市中心的小山岗上,白天,这座通体洁白的雄伟建筑,在阳光照耀下银光闪闪,显得分外圣洁、庄严;入夜,强烈的聚光灯从四面八方照来,真纳墓愈发显得晶莹剔透,宛如一座洁白无瑕的水晶宫,象征着巴基斯坦国父——真纳争取独立自由的崇高理想。

陵寝后有一个巨大的石厅,在明洁如镜的大理石地面上也有许多象征性的石棺。这里的地下长眠着巴基斯坦的开国元勋,其中有真纳的妹妹、巴基斯坦第一位总理等人,生前他们追随真纳左右,为巴基斯坦的独立贡献了自己毕生的精力,死后长眠在真纳身旁,共享巴基斯坦人民深切的敬意与谢忱。

迷你知识卡

陵寝

皇帝死后安葬的地方,其名号一般是根据去世皇帝生前的功过和世系而命名。

开国皇帝之陵一般称为"长陵",其后诸帝则应依其事迹和世系来命名,诸如康陵、定陵、显节陵等。也有以所在地命名的,如霸陵、首阳陵等。为皇帝建陵后,还要设置守陵奉祀之官以及禁卫和陵户。

穆斯林

意思是顺服伊斯兰教的神阿拉的人。这是伊斯兰一词的主动分词。一般提到的穆斯林都是泛指伊斯兰教徒。此外,穆斯林也可以指穆斯林世界,可以指现今的伊斯兰国家或中世纪的阿拉伯帝国。

7 唐代乾陵（中国）
——最牢固的帝王陵墓

中国国旗

1. 巍然不倒的"万年寿城"
2. 历史上有名的盗墓贼们
3. 周恩来拒绝挖陵
4. 中国历史上唯一的女皇帝
5. 有关女帝的预言

▣ 巍然不倒的"万年寿城"

如果人们要问世界上哪个皇帝的陵墓最牢固，那武则天乾陵当属第一。这座陵墓在建成后的1 200多年之中，被各式各样的盗贼光顾过，其中有名有姓的记载就有17次。规模最大的一次盗掘，参与人数竟达40万众，把乾陵所在的梁山几乎挖走了一半，然而却没有动得了乾陵一根毫毛。

时至今日，武则天和丈夫李治依然安睡在自己的"万年寿城"之中。这是为什么呢？

唐朝初年，太宗李世民汲取历史教训，从他与长孙皇后的昭陵起，开创了"因山为陵"的葬制，陵墓由建筑群与雕刻群相结合，参差布置于有"龙盘凤翥"之势的山峦之上。而乾陵修建的时候，正值盛唐，国力充盈，因此不仅陵园规模宏大，建筑雄伟富

乾陵外石人像

丽，在防盗上也倍加重视。

墓道与墓门间用石条填砌，多达39层，用石近4 000块。石条之间用铁栓板拴拉，每三层上下用铁棍穿联，再用锡铁熔化灌缝。这样的结构不但对付冷兵器时代的刀砍斧劈绰绰有余，连现代的刀枪炸药也奈何不了。

▣ 历史上有名的盗墓贼们

由于乾陵的陪葬品异常丰富，吸

引着职业盗墓者、封疆大吏、土匪、军阀,甚至是农民起义军也"前仆后继"地来光临。

第一个光顾乾陵的是黄巢,这个私盐贩子率领60万大军攻进长安后,先是痛痛快快地烧杀抢掠一番,待土匪瘾过足,立即调出40万士兵,跑到梁山西侧开始挖掘。他们几乎铲平了半座梁山,留下了40米深的"黄巢沟"。但是,乾陵却巍然不动。

第二个盗贼有着与黄巢完全不同的身份,他是五代时的耀州节度使温韬,在乾陵之前他已经挖掘了17座唐皇陵。奇怪的是他的数万人马在挖掘乾陵时总是遇到暴风雨,三次无功而返之后他再也不敢继续挖下去了。乾陵因此逃过了第二劫。

第三次出场的是一个现代化整编师,盗墓的工具也不再是锄头、铁锹,而是机枪大炮。民国时期,国民党将军孙连仲带领部下,在梁山上用军事演习作幌子,用黑色炸药炸开墓道三层竖立石条。当他们正准备进入时,突然一股浓烟冒出,顿时天昏地暗,飞沙走石,7个山西籍士兵首当其冲,吐血身亡。据说,孙将军的一个团生还者寥寥。就这样,乾陵终于躲过了最后一劫。

周恩来拒绝挖陵

新中国成立后,曾有人建议挖掘乾陵,被当时的总理周恩来回绝了。从此,乾陵无忧矣。

陵墓陪葬墓共计17座。出土珍贵文物4 300多件。其中有100多幅绚烂多彩的墓室壁画,堪称中国古代

远眺乾陵

瑰丽奇绝的艺术画廊，《马球图》、《客使图》、《观鸟捕蝉图》、《出猎图》、《仪仗图》等壁画，不仅对研究唐代绘画，而且对研究唐代建筑、服饰、风俗习惯、体育活动、宫廷生活、外事往来等具有重要价值。

中国历史上唯一的女皇帝

乾陵是"历代诸皇陵之冠"和有"睡美人"之称的中国历史上唯一的女皇帝武则天与其夫唐高宗李治的合葬地。

乾陵本是唐高宗李治的陵墓，神龙政变之后，武则天被迫将大唐江山归还给李氏皇族。为了死后能有栖身之所，武则天自己宣布废去自己的帝号，请求她的儿子将自己以唐高宗皇后的身份附葬于唐高宗的乾陵，唐中宗答应了母亲的这个请求。

自古以来，乾陵在史书中一直像其他的帝后合葬墓一样，被视做唐高宗的陵墓，武则天是附葬于其中的皇后。解放后，由于郭沫若对武则天非常推崇，于是带头把唐高宗乾陵称为二帝合葬墓。

加之现代为促进旅游，一些不顾历史事实的宣传，把乾陵称之武则天陵。更有甚者，据此来讨论武则天为什么要把自己的陵墓称为"乾陵"，完全不知道乾陵本身是唐高宗和皇后的合葬墓。

有关女帝的预言

关于乾陵的选址，有这样一个有趣的传说：唐高宗登基不久，就派自己的舅父长孙无忌和专管天文历法的太史令李淳风为自己选择陵寝之地。一日，二

冬日乾陵

人寻视到梁山上，只见此山三峰高耸，主峰直插天际，是世间少有的一块"龙脉圣地"。

长孙无忌和李淳风选好陵址后，回京禀报高宗。袁天罡听说后，极力反对。原来他曾为高祖选陵址到过梁山，深知此山风水的优劣之处。

他对高宗说："梁山从外表上看是一块风水宝地，但细看有许多不足之处：一是梁山虽东西两面环水，能围住龙气，但与太宗龙脉隔断，假如百姓选祖茔於此，是可以兴盛三代，但作为帝王之山陵址，恐三代后江山有危。大唐龙脉从昆仑山分出一支过黄河，入关中，以歧山为首向东蔓延至九嵕山、金粟山、嵯峨山、尧山。今太宗已葬九嵕山（嵕，音同"宗"），为龙首。陛下不可以后居前，况梁山又非龙首，而是周代龙脉之尾，尾气必衰，主陛下治国无力。

二是梁山北峰居高，前有两峰似女乳状，整个山形远观似少妇平躺一般。陛下选陵于此，恐从此后为女人所控。

三是梁山主峰直秀，属木格，南二峰圆利，属金格。三座山峰虽挺拔，但远看方平，为土相。金能克木，土能生金，整座山形龙气助金，地宫营主峰之下，主陛下必为金格之人所

武则天的无字碑

控。依臣愚见，若陵址定于此山，陛下日后必为女人所伤！"

听了袁天罡一番宏论，高宗犹豫不决，遂退朝不议。武氏听后却十分高兴，她暗自思忖：小时候听父亲说，袁天罡说我将来能做女皇帝，看来要应验了。

乾陵墓道在上个世纪50年代末被几个农民意外发现。1958年冬季，经过乾陵的西兰公路复修，需要大量的石料。乾陵附近的农民便到

图说世界著名陵墓

乾陵永泰公主墓中的壁画

炸药炸开乾陵,因为民国初年的孙连仲用洋炸药也没能炸开陵墓。于是他们立即去省城向主管上级汇报。后来的考古发现在陵山周围也没有找到盗洞和被扰乱的痕迹,从而证明乾陵是目前未被盗掘的唐代帝王陵墓之一。

梁山上炸石取料。前两炮炸过之后无甚异常。岂料贺社社点的第三炮炸响之后,半空中飞出几块石条,硝烟散去,贺社社和几个同伴跑过去一看,只见爆炸面上尽是石条,像是人工凿的,上面有字,或连着些像钢筋一样的东西,"莫非把姑婆陵炸开了!"

世代居于乾陵的农民跟着武三思称武则天为姑婆,他们知道炸乾陵是一件大事,就立即跑到乾县政府办公室,向一位姓杨的干部报告了情况。

杨干部听几个农民如此这般一说,也惊得嘴张了半天。他不敢怠慢,马上报告给县委书记、县长。他们听完报告之后,不相信农民能用土

迷你知识卡

无字碑

在朱雀门外的司马道东侧,耸立着闻名于世的武则天无字碑,它通身取材于一块完整的巨石,高 7.53 米,宽 2.1 米,厚 1.49 米,总重量约有 10 万千克。

无字碑上为何无字,民间出现了三种说法:第一种说法认为,武则天立无字碑是用以夸耀自己,表示功高德大非文字所能表达;第二种说法认为,武则天立无字碑是因为自知罪孽重大,感到还是不写碑文为好;第三种说法认为,武则天是一个有自知之明的人,立无字碑是聪明之举,功过是非让后人去评论,这是最好的办法。

8 泰姬陵（印度）
——一滴爱的泪珠

印度国旗

1. 莫卧儿王朝的"完美建筑"
2. 可在城堡上远眺爱妃陵墓
3. 美得仿佛下凡的仙女
4. 一滴爱的泪珠
5. 它一天有三个票价

◤ 莫卧儿王朝的"完美建筑"

泰姬陵，全称为"泰吉·玛哈尔陵"，又译泰姬玛哈，是印度知名度最高的古迹之一，在今印度距新德里200多千米外的北方邦的阿格拉城内，亚穆纳河右侧。泰姬陵是莫卧儿王朝第5代皇帝沙贾汗为了纪念他已故皇后阿姬曼·芭奴而建立的陵墓，被誉为"完美建筑"。

它由殿堂、钟楼、尖塔、水池等构成，全部用白色大理石建筑，用玻璃、玛瑙镶嵌，绚丽夺目、美丽无比。有极高的艺术价值。是伊斯兰教建筑中的代表作，是世界八大奇迹之一。

◤ 可在城堡上远眺爱妃陵墓

沙贾汗的宠妃阿姬曼·芭奴是

阿姬曼·芭奴画像

一位具有波斯血统的绝世美女，性情温柔，擅诗琴书画。她21岁时与当时为贾汗吉尔国王的三王子库拉姆结婚。她婚后与库拉姆同甘共苦，行影相随，足迹遍布疆场。1628年，库拉姆经过一场血战继承王位，给自己

43

取名沙贾汗，意为"世界之王"。宠妃阿姬曼·芭奴也因此得到宫中最高头衔——泰姬·马哈尔。

但是好景不长，1631年，阿姬曼·芭奴在跟随沙贾汗南征时，因难产而死。当时年仅39岁。在她婚后18年里，共为沙贾汗生下14个子女。存活的只有四男三女。阿姬曼·芭奴之死，令沙贾汗伤心欲绝，他决定为宠妃建造一座全世界最美丽的陵墓，以表达他对宠妃的思念之情。同时，下令宫廷为她致哀两年，禁止一切娱乐活动。

1633年，泰姬陵在沙贾汗选中的印度北部亚穆纳河转弯处的大花园内开始动工兴建。此处位于亚穆纳河下游，十分空旷，沙贾汗可以从河上游的阿格拉城堡上远远地望见。建筑学和珠宝最受沙贾汗喜爱，因此，他选用大理石建造泰姬陵，并以十分精巧的手艺在大理石上镶嵌无数宝石作装饰。

本国以及波斯、土耳其、巴格达的建筑师、镶嵌师、书法师、雕刻师、泥瓦工共计两万多人参与了泰姬陵的建设。此工程选用了本国的大理

泰姬陵

石，中国的宝石、水晶和玉、绿宝石，巴格达和也门的玛瑙、斯里兰卡的宝石、阿拉伯的珊瑚等。

1650年，泰姬陵建成。时至今日，已经300多年了，但它的辉煌和气派未减。来到泰姬陵，一座高30米、用红沙岩落成、顶部有座八角亭的十分气派的拱门展现在眼前，其大理石结构十分突出，上面镶嵌有美丽的花朵，配以优美的书法。

美得仿佛下凡的仙女

泰姬陵百看不厌，它依旧能使人惊叹。它在一天里不同的时间和不同的自然光线中显现出不同的特色。虽然它是一座陵寝，可它却没有通常陵寝所有的冷寂。它的和谐对称、花园和水中倒影融合在一起创造了令无数参观者惊叹不已的奇迹。估计有2万名工匠参与了泰姬陵的建造，历时22年才完成。

朝霞升起时分，初升的一轮红日伴着朱木拿河袅袅的晨雾，仿佛要将泰姬陵从睡梦中唤醒，此时的它显得

内部拱门

静静的。中午时分，泰姬陵头顶蓝天白云，脚踏碧水绿树，在南亚一向耀眼的阳光映衬下，更出落得玲珑剔透、光彩夺目。傍晚，泰姬陵迎来了它一天中最妩媚的时刻，斜阳夕照下，白色的泰姬陵开始从灰黄、金黄，逐渐变成粉红、暗红、淡青色，随着月亮的冉冉升起，最终回归成银白色。

在月色朦胧中，泰姬陵显得格外高雅别致和皎洁迷人，犹如美人泰姬在含情沉思。

据说，泰姬陵最美丽的时候，是朗月当空的夜晚。白色的大理石陵寝，在月光映照下会发出淡淡的紫色，清雅出尘，美得仿佛下凡的仙女。

泰姬陵坐落在一个风景区内，庄严雄伟的门道象征着天堂的入口，上方有拱形圆顶的亭阁。原先这儿曾

图说世界著名陵墓

角亭

有一扇纯银的门,上面镶嵌着几百个银钉。这些东西都已被劫走,现在的门是铜制的。

一滴爱的泪珠

凡是见过泰姬陵的人,都被它那洁白晶莹、玲珑剔透的身影所倾倒。这是一座全部用白色大理石建成的宫殿式陵园,是一件集伊斯兰和印度建筑艺术于一体的古代经典作品。人们誉它为印度的骄傲,称它为世界八大奇迹之一。

然而,泰姬陵的命运并非都像赞赏者所希望的那样美好和圆满。从它被建成起至今,就像它所埋葬的泰

内部的泰姬-玛哈陵

姬那样,一直充满着哀怨和愤恨。难怪连印度诗翁泰戈尔都说,泰姬陵像"一滴爱的泪珠"。

沙贾汗煞费苦心不惜一切代价地为宠妃建造了如此宏伟、富丽堂皇的陵墓,说明他当时对宠妃的爱有多

么深。沙贾在泰姬陵建成不久便被儿子废除了王位,被囚禁在阿格拉城堡,晚年靠每天远望泰姬陵度日,直至伤心忧郁而死。

他死后,与宠妃一起被葬在泰姬陵。泰姬陵是一座伟大的爱情纪念碑,它是一代君王爱情的见证,向世人讲述着他们的爱情故事。

它在一天有三个票价

沙贾汗王及皇后葬于空棺处地下的土窖内。陵墓主殿四角都有圆柱形高塔一座,每座塔均向外倾斜12度。

墓室中央有一块大理石的纪念碑,上面刻著几行波斯文:"封号宫中翘楚泰姬玛哈之墓"。站在陵墓旁边回廊中央的石块上,可以感受到强烈的回音,令人迷醉不已。后方草坪为当时宫殿的葡萄园。主体建筑外观以最高级纯白大理石打造,内外镶嵌美丽的宝石(水晶、翡翠、孔雀石),泰姬陵的前面是一条清澄水道,水道两旁种植有果树和柏树,分别象征生命和死亡。

陵墓的每一面都有33米高的拱门,陵前水池中的倒影,看起来好像有两座泰姬陵。这些镶嵌的经文中,以"邀请心地纯洁者,进入天堂的花园"这句最负盛名。陵寝内还有一扇精美的门扉窗棂,传说是出自中国明代工匠的雕刻。

在中央的宫室里则设有一道雕花的大理石围栏,里面放着的就是世界闻名的沙贾汗和泰姬的两座大理石棺椁,但这两座石棺却不是真的,因为真棺安放在地底下的另一间地下室内。

棺椁上以翡翠、玛瑙、水晶、珊瑚、孔雀石等20余种价值连城的宝石镶嵌出精致的茉莉花图案,其工艺之精细、色彩之华丽,可谓巧夺天工。

由于整座陵墓系由纯白大理石

大理石的梦境

砌成，因此，一日之中，随着晨曦、正午和晚霞三时阳光强弱的不同，照射在陵墓上的光线和色彩就会变幻莫测，呈现出不同的奇景，而当花好月圆之夜，景色更为迷人。

正如沙贾汗在建好之初所说："如果人世间有天堂与乐园，泰姬陵就是这个乐园。"

有人说，不看泰姬陵，就不算到过印度；不在月光下来到泰姬陵，就不算到过泰姬陵。从 2004 年 11 月 27 日起，泰姬陵有条件的对游客开放夜游，门票高达 1500 卢比，成为世界上唯一一个早中晚游览票价不一样的景点。

陵园无论构思还是布局都是一个完美无缺的整体，它充分体现了伊斯兰建筑艺术的庄严肃穆、气势宏伟的独特魅力。凡到此陵参观过的游客，无不感叹。

迷你知识卡

棺椁

即棺材和套棺（古代套于棺外的大棺），泛指棺材。红色棺椁亦作"棺郭"。指的是装殓尸体的器具，椁，套在棺外的外棺，就是棺材外面套的大棺材。

泰姬陵远景

9 拿破仑墓（法国）
——一代帝王的最终归宿

法国国旗

1. 塞纳河南岸的帝王归宿
2. 法兰西第一帝国的皇帝
3. 目前它被当做退伍军人养老院
4. 拿破仑死亡之谜
5. 一家人团聚的圣堂

■ 塞纳河南岸的帝王归宿

在波光粼粼的巴黎塞纳河南岸，有一座高大圆屋顶的古老建筑，这就是游客必到的荣军院。法国历史上著名皇帝拿破仑的灵柩就安葬在这里。

巴黎荣军院建于1670年路易十四时代，是为历次战争中残废军人修建的一座疗养院。荣军院正门是高大圆顶的圣路易教堂，里面庄严肃穆，凭吊拜祭者络绎不绝。拿破仑墓就设在教堂正下方地下室里。

陵墓内部

■ 法兰西第一帝国的皇帝

拿破仑1769年出生，1804年成为法兰西第一帝国的皇帝。拿破仑也是历史上最惊人的奇才之一。在近四分之一的世纪里，他驰骋战场，亲自指挥和参加了60多次大战役，其中40次获胜。革命的浪潮把他推向权力的最高峰，他给尚未定型的法国一整套行政机构，显示出他的统治天赋。

他摧毁欧洲的旧制度，改变了欧洲的面貌。他创造历史，也谱写历史。他建立中央集权的军事官僚国家机构，颁布了《拿破仑法典》，把资

陵墓所在的圆顶教堂

1840年，法王路易·菲力畏惧法国民众日益怀念拿破仑的声浪，下令将拿破仑的遗体运回法国安葬。在乔维尔亲王率领下，一群英、法官员前往圣赫勒拿岛，挖出了拿破仑的棺木。在隆重的仪式中，拿破仑的灵柩通过凯旋门，安葬在塞纳河畔的荣军院里。

产阶级革命的成果用法律形式固定下来。但是，过度的自信和野心终于导致了他的失败。

拿破仑在1815年滑铁卢之役败于威灵顿公爵后，被反法联盟流放到大西洋中的圣赫勒拿岛，1821年5月5日，这个曾经震惊世界的灵魂与世长辞，并葬于该岛。

拿破仑去世后，瑞典国王卡尔十四世发表评论说："拿破仑不是为他人所征服的。在我们所有这些人当中，他是最伟大的。由于他只依赖自己的智力，所以上帝才惩罚他。"

但法国人民是偏爱拿破仑的，认为："他当然有污点，有疏失，甚至有罪恶，就是说，他是一个人而不是神。但是他在疏失中仍是庄严的，在污点中仍是卓越的，在罪恶中也还是雄才大略的。"

▨ 目前它也被当做退伍军人养老院

这个出身于科西嘉岛的传奇帝王，在那动荡不安的年代创造不凡的成就后，终于回到了他的国家安息。

荣军院为17世纪的建筑杰作，广大的法式几何庭园、碧绿葱翠的菩提树毫无止尽，一直延伸到塞纳河畔。它可以说是巴黎最具代表性的古典时期建筑之一，是路易十四为医治和收容老战士而造。

大门栅上太阳和百合花王家徽章是路易十四的象征。当时这里可收容四千人，目前约有100多个退伍军人在此养老。院内有一收藏丰富的兵器和武器技术博物馆；从中世纪的刀枪至今最现代化的武器都有。

正面前一排18口青铜大炮是礼炮，自十七八世纪以来，每逢法国的重要日子则负责响 18 响。曾经一度被德军夺去，后又索回。

穿过中庭到荣军医院另一端，耸立着半圆尖顶的皇家教堂，圆顶教堂。建筑师孟沙于公元 1706 年完成，为赞颂路易十四那个时代的伟大，孟沙集合了古典建筑的各种风格，完成此杰作。在圆顶教堂中，不只葬有拿破仑，也有拿破仑的兄弟与名将元帅之墓，他们的墓都在上层。

◼ 拿破仑死亡之谜

被流放到南大西洋圣赫勒拿岛上的拿破仑与世长辞，法国当局随后宣称拿破仑死于心血疾病。但过去几十年来的记载多偏向拿破仑是被毒死的说法。最新研究报告指出：拿破仑并非遭到毒杀，而是死于胃癌。

一位瑞典牙医根据拿破仑男仆日记中所记载：拿破仑死前有失眠、虚弱、腿肿、掉发、痉挛和一直口渴的征状，断定拿破仑有慢性砷（砒霜）中毒的迹象，此理论极盛于 20 世纪 60 年代，美国联邦调查局和法国巴斯特大学以拿破仑的头发进行检验分析，发现含有大量的砷，进一步支持拿破仑被下毒的说法。

但拿破仑的医师在其死因诊断书上写道：拿破仑腹部上方经常剧痛、呕吐、打嗝、长期疲倦和没有食欲，也有尿道感染、干咳及夜里盗汗的征状，这些都与胃癌患者极为相似。法国肠胃专家认为：根据拿破仑验尸报告中的医学术语，显示当时拿

拿破仑墓

破仑胃里有肿瘤,但当时的医学对于癌症尚未有清晰的概念。

拿破仑的父亲及家族成员大多死于胃癌,根据医学研究指出癌症具有家族聚集性,这似乎可为拿破仑死因作一有力佐证,但拿破仑去世时肥胖的腰身却反驳了这项论点。

在他死后,随同他流放的医生们经解剖后,分别交出了4份报告。而他们都有一共同点,就是在拿破仑的胃部近幽门处发现有一处溃疡。而这说法便使我们认为拿破仑是死于胃癌的。

而另一位英国医生则发现拿破仑的肝出现肿大的现象。这又引起了另一说法,拿破仑的死是因为圣海伦娜岛的气候而引起肝病所造成的。至今,拿破仑的死因仍是未解之谜。

光阴似箭,时间匆匆的过去了。转瞬间已是21世纪了。但拿破仑的名字并没有为人忘记,而是出现于辉煌的历史裹。

最近,又有一新研究报告发表了。这份报告是根据当年拿破仑的侍从从他的遗体裹所抽出来的几根头发,来作为他的死因的证据。

它说当年是在一个英国权贵的指使下,用砷毒杀了拿破仑。砷是一种无色无味,易于混入食物和饮料的毒药。拿破仑的侍从在拿破仑的每餐食物里放下少许砷,便可使他慢慢中毒。如是数载,拿破仑不死也就奇了!

这说法是因为专家们发现,拿破仑的头发中砷的含量比正常人高出2～8倍!再者,拿破仑的灵柩在运

树林掩映中的拿破仑墓

拿破仑塑像

拿破仑灵柩是一具大型赤紫色斑岩石棺椁，底座是青灰色的云石。石棺椁内还有6层棺，从里至外，依次为白铁棺、桃花心木棺、两层铅棺、乌木棺、橡木棺。拿破仑的遗骸放在最里面。在棺椁周围大理石上刻着拿破仑的遗嘱。

拿破仑的墓室经过20余年的施工才全部建成，所用石料是从俄国运来的，光采集、运输就耗时一年，后经切割、雕刻、打磨，历时两年才制成外椁。整个石结构的墓室设计得庄严肃穆，曲线与直线相交，色彩低沉凝聚。不断有人在拿破仑墓前献花，以表达对这位伟人的敬意。

回法国时，人们开了他的棺，发现他的身体完好无损，毫无腐烂！这只会是砷使他的尸体腐烂过程减慢了。

一家人团聚的圣堂

拿破仑墓分上下两层。上层环边分成6间圆阁，分别安放拿破仑的两个兄弟（长兄约瑟夫，小弟热罗姆）、儿子小罗马王和手下4位元帅的骨灰瓮。下层是用大理石建造的圆形墓穴，深8米，拿破仑的棺椁就放在中央。四周墙壁上刻有12个胜利女神的浮雕像，每个雕像代表一场光辉的战役。拿破仑的雕像穿着加冕时的冠服。

迷你知识卡

塞纳河

法国北部大河，全长780千米，包括支流在内的流域总面积为78 700平方千米；它是欧洲有历史意义的大河之一，其排水网络的运输量占法国内河航运量的大部分。

自中世纪初期以来，首先它就一直是巴黎之河；巴黎是在该河一些主要渡口上建立起来的，河流与城市的相互依存，关系紧密而不可分离。

10 唐太宗昭陵（中国）
——盛唐时期的光辉见证

中国国旗

1. 初唐走向盛唐的实物见证
2. 王羲之的《兰亭序》为太宗陪葬
3. 程咬金、房玄龄、李靖均在墓群中
4. 刻在碑碣上的"贞观之治"
5. 六匹战马有两匹被盗到美国

▣ 初唐走向盛唐的实物见证

唐太宗昭陵是唐朝第二代皇帝李世民的陵墓，是陕西关中"唐十八陵"中规模最大的一座，昭陵位于陕西省礼泉县东22千米九嵕山的主峰。

九嵕山山势突兀，海拔1888米；地处泾河之阴、渭河之阳，南隔关中平原，与太白、终南诸峰遥相互映；东西两侧，层峦起伏，亘及平野。

昭陵陵园周长60千米，占地面积200平方千米，共有陪葬墓180余座，被誉为"天下名陵"，是我国帝王陵园中面积最大、陪葬墓最多的一座，也是唐代具有代表性的一座帝王陵墓。

冬天的昭陵

唐太宗昭陵石刻

从唐贞观十年太宗文德皇后长孙氏首葬到开元二十九年，昭陵陵园建设持续了107年之久，地上地下遗存了大量的文物。它是初唐走向盛唐的实物见证，是我们了解、研究唐代乃至中国封建社会政治、经济、文化难得的文物宝库。

与秦汉时期不同，唐代皇帝的陵寝大部分沿用魏晋和南朝流行的办法：在天然山峰的中部开凿墓室，不起土堆，节省了不少人力物力，而兀峰挺拔、上摩云霄，相形之下，再高大的陵冢——如秦始皇陵——气势上也自然逊了一等。开创唐代帝王依山为陵先例的，就是唐太宗李世民的昭陵。

王羲之的《兰亭序》为太宗陪葬

昭陵从贞观十年，长孙皇后死后开始营建，直到贞观二十三年李世民入葬方告完成，历时达13年。

唐太宗生前曾宣扬俭约薄葬，这不过是怕掘墓之徒眼热光顾，难保骸骨安宁。事实上昭陵建制十分奢华。

据文献记载，昭陵玄宫高悬，墓道至墓室深250米。墓道前后有五重石门，墓室宏伟富丽，与阳间的宫殿无异。中室为正寝，东西厢房中摆放着石床，床上石函的铁匣里全部是前代的书画，其中就有东晋大书法家王羲之手书的《兰亭序》真迹，这是太宗之子高宗谨遵父命陪葬的。

墓门外沿山腰还建有许多木构的房舍游殿，供唐太宗的灵魂游乐，里面还有宫人小心侍奉如常。唐太宗是中国历史上最有作为的皇帝之一，然而对这种荒谬事也未能免俗。由于玄宫前面山势陡峭，来往不便，又顺山旁架设栈道，悬绝百仞，左右盘旋，绕山300米，才到达墓门。后来，为了保护陵寝安全，又将栈道全部拆除，与外界隔绝。

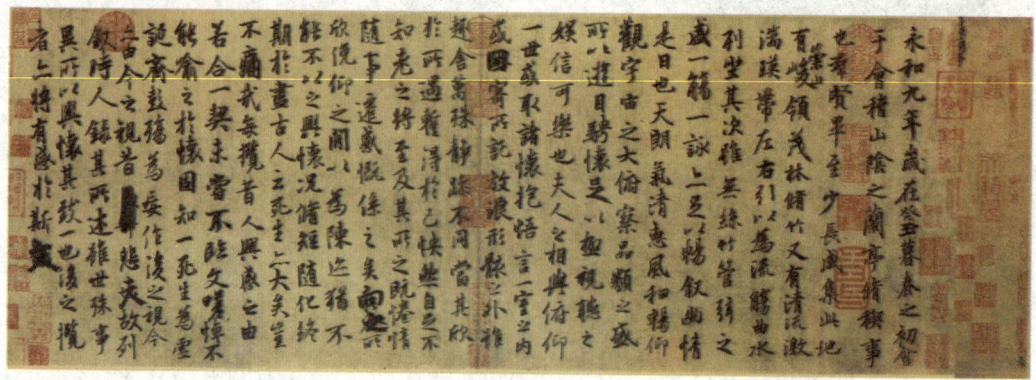

兰亭序

昭陵陵山四周围绕垣墙，墙四隅建有角楼，墙正中各开一门，南曰"朱雀"，北曰"玄武"，东曰"青龙"，西曰"白虎"。陵园的主要建筑是献殿（上宫）和寝宫（下宫）。献殿位于朱雀门内，正对山陵，是上陵朝拜和举行祭祀活动的场所。

寝宫建在陵山墙外的西南角，是供唐太宗灵魂起居的场所，守陵官员和日常侍奉人员也住在这里。

程咬金、房玄龄、李靖均在墓群中

昭陵主峰迤逦而南，范围极为广泛，占田约2万公顷，有107座功臣贵戚陪葬墓，这庞大的陪葬墓群呈扇形列置在主陵两侧，益发衬托出昭陵至高无上的气概。陪葬者除了皇族外，大部分是文武功臣，他们是李世民父子统一中国，创设大唐帝国的重要人物，此外，还有些少数民族首领也有幸陪葬。

主要有长孙无忌、程咬金、魏征、房玄龄、李靖、长乐公主等墓，还有少数民族将领阿史那社尔等15人之墓。

刻在碑碣上的"贞观之治"

石刻艺术是昭陵重要的组成部分，也是昭陵更为后世重视的原因之一。唐太宗是史所罕见的明君，在他的治理下，宇内安定，四方顺服，出现了历来为史家所艳称的"贞观之治"。

随着生产力的恢复发展，文化艺术也日渐繁荣，故而昭陵石刻，如重要陪葬者的碑碣、六骏浮雕、蕃酋石刻像等技艺精湛，精美非凡。

初唐立碑之风盛行，所以碑碣占了陵园石刻的绝大部分，这些碑石汇当时书法之精萃,反映了初唐各书法家的风韵特点以及盛唐书法的艺术风格。昭陵玄武门外原来列置14个少数民族首领的雕像,象征贞观年间诸宾王归顺唐朝,向唐太宗朝圣的情形,这些石像高近3米,座高1米,栩栩如生,极为壮观,现在仅存两座。

六匹战马有两匹被盗到美国

如果把昭陵比作一顶美轮美奂的皇冠,那么昭陵六骏浮雕就是上面最耀眼的一颗宝石。这些浮雕原来置放在玄武门内东西两庑,与历代一些帝陵陈陈相因的一般性的石人石马布局不同;这是唐太宗为了纪念他开国的武功所立。

六骏是他当年驰骋战场所骑的六匹战马,名字分别为飒露紫、白蹄乌、特勒骠、青骓、拳毛和什伐赤。相传六骏诸形出于唐代著名画家阎立本之手,由技艺高超的名匠依照图形一一刻在青石屏上,每件石屏刻一匹马。石屏高约1.5米,宽近2米,左上角或右上角都有唐太宗自题的四言赞美诗,由唐代大书法家欧阳洵书写,不过,如今字迹已无从辨认了。

这一组石刻表现的六骏情态各异、姿态生动、神韵充沛、造型优美雄骏,手法浑厚简洁、饱满圆润,堪称稀

世界最大皇家陵园——唐太宗昭陵

世珍品，而唐朝的一代雄风也尽现于此；更绝的是六骏中有四骏身上中箭，鲁迅先生曾称赞说："汉人墓前石兽多半羊、虎、天禄、辟邪，而长安的昭陵上，却刻着带箭的骏马，其手法简直前无古人。"

这组浮雕在民间的传说中充满了神奇的色彩。据说安史之乱时，唐军和安禄山手下将领崔乾祐在潼关展开大战。

战斗中，叛军的一队白旗军冲杀悍勇，攻势凌厉，唐军一时难以招架，眼看要败下阵来。突然黄旗闪现，不知从何处杀出一队人马冲向白旗军。

两个回合的恶战下来，黄旗军杀得贼兵尸横遍野，血流成河，但因寡不敌众，被白旗军团团包围，难以突围。就在这危急之时，忽然阴云密布，狂风大作，飞沙走石，转眼间黄旗军踪影全无，惊得叛军呆若木鸡，仓皇倒退出几十千米。后来，昭陵的守陵官员奏报朝廷说，潼关大战那天，昭陵前的石人石马个个汗湿欲滴。人们纷纷传说：那队勇猛神奇的黄旗军就是这些石人石马组成的。

19世纪后期，"六骏"中的一匹马曾被欧洲人摹绘成图，收进《世界名马图》里。以后凡各国出版的有关中国的美术书，插图中总少不了"六骏"的英姿。1914年，美国文化侵略分子勾结陕西军阀，把"六骏"的"四骏"打碎，并盗去另外两骏"飒露紫"和"拳毛"，现陈列在美国费城大学博物馆。中华人民共和国成立后，其余四骏被复原、被盗之两骏也被复制，存放在陕西省博物馆。

迷你知识卡

碑碣

古人把长方形的刻石叫"碑"。把圆首形的或形在方圆之间，上小下大的刻石，叫"碣"。秦始皇刻石纪功，大开树立碑碣的风气。东汉以来，碑碣渐多，有碑颂、碑记，又有墓碑，用以纪事颂德，碑的形制也有了一定的格式。在唐代，"碑"和"碣"的用法是有区别的，五品以上的用碑，五品以下的用碣。

王羲之

东晋书法家，字逸少，号澹斋，汉族，祖籍琅琊，后迁居会稽（绍兴），写下《兰亭集序》，晚年隐居会稽下辖剡县金庭，中国东晋书法家，有书圣之称。历任秘书郎、宁远将军、江州刺史。后为会稽内史，领右将军，人称"王右军"、"王会稽"。其子王献之书法亦佳，世人合称为"二王"。

11 拉雪兹神父公墓（法国）
——法国伟人最后的圣堂

法国国旗

1. 巴黎市内最大的墓地
2. 莫里哀、肖邦、巴尔扎克长眠在此
3. 他双手沾满了公社社员的鲜血
4. 公社战士墙的浴血往事
5. 激励无产阶级奋进的《国际歌》

▌巴黎市内最大的墓地

拉雪兹神父公墓是巴黎市内最大的墓地，面积118英亩，拉雪兹神父公墓是世界上最著名的墓地之一，位于巴黎的第20区。在这里被葬的、在过去200年中为法国做出贡献的名人墓每年吸引数十万来访者。它也是五场大战争的纪念地。

它的正式名称是"东部公墓"。这里曾是"太阳王"路易十四的忏悔神父——耶稣会士拉雪兹的豪华别墅。

拉雪兹深得路易十四的宠信，掌握宗教事务长达34年之久，这幢别墅就是路易十四赐给他的。1804年这里改为公墓，人们习惯地称之为拉雪兹神父公墓。

拉雪兹神父公墓一角

▌莫里哀、肖邦、巴尔扎克长眠在此

拉雪兹公墓划分为几十个墓区，许多著名人士长眠于此，如法国最伟大的喜剧作家莫里哀，虽然由于他的一部喜剧严重冒犯了神职人员，导致了教廷的反对，他仍旧葬在了宗教墓地，不过葬礼是在夜晚持火炬举行的。

此外还有：法国著名的诗人兼寓言作家拉封丹，波兰作曲家及钢琴家肖邦，法国出类拔萃、创作丰沛的小说家巴尔扎克，法国天才的戏剧作曲家、歌剧《卡门》的作者比才，爱尔兰诗人及剧作家王尔德，法国最著名的舞台剧女演员之一撒拉·贝纳，侨居法国的美国女作家格特鲁德·斯泰因等等。

除了这些骚人墨客、艺术界名流，也有梯也尔之流的人物及王公贵族。此外，还有著名的法国资产阶级革命活动家丹东，《国际歌》歌词作者、巴黎公社委员、诗人欧仁·鲍狄埃以及抵抗运动中的烈士。

他双手沾满了公社社员的鲜血

路易·阿道夫·梯也尔是法国政治家和历史学家。1871—1873年任第三共和国总统。一生在政治上反复无常，多次残酷镇压革命运动，包括镇压巴黎公社起义。

他的墓在对着公墓大门的高坡上，居于拉雪兹公墓的中心位置。与这个在法国19世纪的政治舞台上曾显赫到极点的人物相称，这座墓建得特别巍峨高大，气派十足。

它是一幢罗马式的殿堂，高达十几米，正面有巨大的圆形石柱，黑色

拉雪兹神父公墓

的雕花大门紧闭，门前还有铁栏杆围护，气氛森严。不过，这并不能挡住游人的愤怒与唾弃。这个双手沾满了公社社员鲜血的刽子手的阴宅大门上，赫然写着这样几个字：公社万岁！

1871年5月20日，梯也尔纠集凡尔赛反动军队向巴黎公社发起总进攻，28日开始包围巴黎公社保卫者的最后据点——拉雪兹公墓。

公社战士同反动军队浴血搏杀，终因众寡悬殊，最后一批公社战士被逼到墓园东北角的夏洛纳墙下，仅存的147名战士，在"公社万岁"的高呼声中，全部殉难。5月20—28日，在历史上遂被称为"5月流血周"，这面长近20米的围墙从此被称为"公社战士墙"。

1908年5月21日，来自法国各地的革命群众，在这面赭色方石砌成、上盖瓦顶的墙上镶嵌了一块白色大理石碑，上面用法文镌刻着金色的大字：献给公社的死难者，1871年5月21日至28日。这块纪念碑从此成了公社战士墙的标志。

◤ 公社战士墙的浴血往事

在与拉雪兹公墓相邻的甘必大林荫道街心花园里，在1909年出现

巴尔扎克墓

了一堵造形类似影壁、上面刻有浮雕的矮砖墙。画面是在被行刑队的枪弹打得千疮百孔的墙面上，隐现着人物群像的浮雕，中间是一位中弹后仰，展开双臂、呈保护者姿态的妇女全身像。

群像浮雕下面，还刻有法国文豪雨果的一句话："我们要求并希望，将来人们不是进行复仇，而是实现正义。"

这幅砖墙浮雕是保尔·莫罗——沃蒂那的作品，被认为是作者利用公社战士英勇就义的壮烈场面，来宣扬

全民"和解"、放弃革命的偷梁换柱之作,所以在揭墓之后,当即被幸存的公社社员指斥为对公社事业的侮辱,不予承认。后人有不明真相者,以讹传讹,把这座浮雕当成了公社战士墙。

在墓园的西南角,埋葬着一部分公社烈士。每年5月的最后一周,法国劳动者都要来到公墓凭吊,缅怀先烈。而耐人寻味的是,公社战士墙和附近的区域(这里安葬的都是法国共产主义运动中的著名人物)的来访者比其他地区的更多,不仅有法国人,还有来自德国、日本和美国等发达资本主义国家的游客。

激励无产阶级奋进的《国际歌》

欧仁·鲍狄埃是法国的革命家,法国工人诗人,巴黎公社的主要领导人之一,《国际歌》的词作者。他的墓碑底座是一整块长方形花岗石,正面镌刻着"欧仁·鲍狄埃 1816—1887"的字样。

底座上斜放着一册用白色大理石雕成的打开的书。铭文为:"献给歌手/欧仁·鲍狄埃/巴黎公社社员/1816—1871—1887/他的朋友和景仰者们敬献/1905";右页铭文为:"起义者/让·米泽尔/蛛网/面包的话/地球之死/国际歌",这是鲍狄埃所作诗歌的题目。整座墓没有任何华丽的装饰,朴实无华中透出革命者的刚毅。

鲍狄埃出身于巴黎的一个工人家庭,很早就作了童工。曾参加1848年的二月革命和六月起义,1871年

王尔德墓

巴黎公社成立后当选为公社委员,和公社战士一起在街垒浴血战斗。公社失败后,于6月他在工人家的阁楼中怀着满腔热血写下一首诗名为《英特纳雄耐尔》(后经法国工人音乐家狄盖特谱曲《国际歌》),之后一直流亡国外。

1880年大赦后才回国,参加法国工人党,1887年出版了《革命歌集》,其中包括这首歌,是国际歌第一次公开发表。其时那时他已经患了重病,同年在贫困中逝世。

在他写下那首著名的《国际歌》17年后,也是在他逝世后的第二年,1888年6月比他年轻32岁的法国工人作曲家皮埃尔·狄盖特发现了这首诗词,并以满腔的激情在一夜之间为《国际歌》谱写了曲子,并在里尔的一次集会上指挥合唱团首次演唱。

很快这支战歌便迅速的传遍整个法国,之后便从此传遍世界,它成了世界无产者最热爱的歌,而从法国越过千山万水,传遍全球。

1923年瞿秋白将它从俄文翻译成了中文,因此我国所唱的《国际歌》也只有三段。如今,《国际歌》早已响遍全球,它将永远激励着各国无产阶级和劳动人民团结战斗、奋勇前进。

迷你知识卡

浮雕

是雕塑与绘画结合的产物,用压缩的办法来处理对象,靠透视等因素来表现三维空间,并只供一面或两面观看。浮雕一般是附属在另一平面上的,因此在建筑上使用更多,用具器物上也经常可以看到。由于其压缩的特性,所占空间较小,所以适用于多种环境的装饰。浮雕在内容、形式和材质上与圆雕一样丰富多彩。浮雕的材料有石头、木头、象牙和金属等。

瞿秋白

江苏常州人,散文作家,文学评论家。他曾两度担任中国共产党最高领导人,是中国共产党早期主要领导人之一,马克思主义者,无产阶级革命家、理论家和宣传家,中国革命文学事业的重要奠基者之一,上海大学原教务长兼社会学系主任,在国共合作的背景下,把上大建设为南方的新文化运动中心,为中国人民的解放事业和民族振兴输送了一大批栋梁之才。

1935年2月,瞿秋白在福建长汀县被国民党军逮捕,6月18日慷慨就义,时年36岁。

12 图坦卡蒙墓（埃及）
——年轻法老的豪华陵墓

埃及国旗

1. 迄今为止埃及出土最美丽的文物
2. 来回奔波的法老亡灵
3. 一具用黄金包裹的木乃伊
4. 鲜花比黄金更珍贵
5. 只活了 18 年的年轻法老

■ 迄今为止埃及出土最美丽的文物

图坦卡蒙是 3 300 多年前的一位年轻埃及法老，他曾在金雕御座上管理着庞大帝国。图坦卡蒙是古埃及最著名的法老之一，他的豪华陵墓和黄金面罩已成为埃及古老文明的重要象征。

墓内壁画

这座墓室规模不大，形式也比较简易。主体由甬道、前厅、棺椁室、耳室和库房组成。甬道长达 120 米，各室中以前厅为最大，面积为 34 平方米。墓室内有图坦卡蒙案鲜明、色彩繁复的壁画，内容以宗教活动和埋葬场面为主。

画面庄重精审，手法成熟稳健，代表着埃及古代艺术繁荣阶段的高水平。其实，这座幸运的墓室也并非完好无损，盗贼曾不止一次地光顾过它，但都被守墓官员赶跑了，所以大部分的随葬品被剩了下来。

这些数以千计的随葬品布满了除棺椁室外的其他各室，有家具、雕像、武器、王杖、包金战车等，豪华精致、美不胜收。尤其是那张木制金银贴面的狮腿宝座，被专家认为是"迄今为止埃及出土的最美丽的文物"。

◤ 来回奔波的法老亡灵

豪华醒目的金字塔从建成之日起就日益成为吸引盗贼的磁石，以及人民发泄他们正当的愤怒的场所，使建筑它们的真正意图全盘落空。埃及法老们心惊肉跳之余，终于想出了一个法子：把墓室和祭庙截然分开，后者依然留在城市，前者则修到穷乡僻壤之中。

尽管这对法老的亡灵非常不便，因为它不得不每天几次赶远路到庙里就餐，然后再赶回墓室安息，未免太辛苦了些。但为了使自己的墓室不再受到骚扰，别无选择的法老只好痛下决心。所以，从新王国时期（公元前1567—1085年，第十八、十九、二十王朝）开始，法老们在首都底比斯坐落的河对岸，即亡灵城里，建起了自己的祭庙；而在尼罗河西岸的一个荒凉的小山谷里，凿岩成墓。

新王国时期的62位法老的墓室都藏在这个小山谷里，于是，有了"帝王谷"的名称。这些墓室分布在山谷两旁，依势开凿，类似中国的窑洞，但经历数千年的变迁也不倒塌；墓穴之上也不像中国的帝陵外加封树，而是用乱石堵住洞口，外面不留痕迹，并立许多假墓以迷惑盗墓人。就算是如此煞费苦心，法老们仍不能如愿安息。

因为他们陪葬的巨大财富是盗墓贼担当一切风险、付出一切辛苦的最诱人的报酬。帝王谷不可避免地成为帝王和盗贼的家乡。不过在这

图坦卡蒙墓

被认为是已经掘遍了的帝王谷里面，却还藏着一个幸运儿——那就是第十八王朝法老图坦卡蒙的墓室。它是迄今发现的唯一未被洗劫一空的古埃及王陵。

▣ 一具用黄金包裹的木乃伊

1922年，英国考古学家霍华德·卡特——弗林德斯·比特里的入室弟子发现并发掘了这座墓室。原来图坦卡蒙墓就藏在一些破败的石棚下面，入口距拉美西斯六世的墓不到4米远，于1933年发掘完毕。这是当时考古界的一件惊人大事。

真正原封未动的，是整个陵寝的关键部分——棺椁室。它的金碧辉煌使第一个看见它的人瞠目结舌。首先是几乎塞满整个房间的4层木制圣柜（或称外椁），圣柜通体用黄金覆盖，四面镶着鲜艳的蓝釉饰板，上面是各种旨在保护死者的宗教象征图形。

外椁内是整块黄色石英岩雕成的内椁，长2.75米，宽1.5米，高1.5米。内椁的盖是用重达1 250千克的玫瑰色花岗石制成的，大概是当年工匠们把原盖跌碎后的替代品。

石棺周围浮雕的女神伸开双臂和双翅托住棺脚，似乎预防有人侵犯。庞大的石棺盖下，尚有三重人形棺。最外层是贴金木棺，如初出熔炉的黄金一样耀眼。

▣ 鲜花比黄金更珍贵

棺盖上是国王的金像。金像的头和双手铸成立体的，身体则采用浮雕的手法。法老的双手交叉在胸前，手里握着用蓝釉镶嵌的曲杖和连枷，

图坦卡蒙法老黄金面罩

图坦卡蒙的金像

它们是王权的象征。

法老的脸用纯金铸成,眼睛用的是阿拉贡白石和黑曜石,眉毛和眼圈用的是透明蓝玉,表情严峻淡漠,面容栩栩如生。

法老的前额上镶嵌着艳丽的眼镜蛇和兀鹰——上埃及和下埃及的图徽,这两样东西上套着一个小小的花环,这是法老死后,那年轻的寡后献给亡夫的。这富有朴素的人情味的小花环,使人感触良多。

尽管这里一片金光闪闪,举目是皇家的豪华,但什么也没有这几朵枯萎的花美丽。花虽枯萎,却还能辨出颜色。这些花告诉我们,3 300年不过像是从昨天到明天这样短暂的一瞬。第二层棺也是贴金木棺,棺盖上法老的金像身穿礼服,周身是阴府之神奥西里斯神式的华丽装饰。

只活了18年的年轻法老

最内层棺豪华惊人,竟是由整块的纯金片打制而成,长1.85米,厚2.5～3.5毫米,重达6千克以上,为古代黄金工艺品中所少见。

棺盖下,就是图坦卡蒙这位盛装长眠的法老。在卡特开启棺盖之前,整整3 300年的时间里,他既未被生人的眼睛看见过,也未被生人的手触碰过。他被黄金和珠宝层层包裹着,纯金的面罩下,是一个有文化、有教养、安祥的青年的面孔。医生断定这是一位18岁的法老。

年轻的法老是阿蒙霍特普四世的女婿。与其说他这位岳父大人是一个法老,不如说他是一个沉缅于宗教幻想的诗人。

在阿蒙霍特普四世当政之际,王

权与阿蒙神庙的矛盾已经明确,于是他以宗教改革的方式来打击阿蒙神庙,提倡只崇拜太阳神——阿顿神的新教,所以后人称他为"异教国王"。

他为此改掉了自己原带有"阿蒙"的名字,立新名曰"埃赫那顿",意为"阿顿之光"。

墓内石刻

埃赫那顿膝下无子,只有二女。大女儿和女婿在他驾崩前就死于底比斯,死因不明,很可能是遭到暗害,埃赫那顿本人也险遭暗害。最后,年仅9岁的二女婿图坦卡顿作了继位法老。这个还不懂事的孩子登基以后,在其辅佐者的授意下,很快就把这场声威浩大的改革葬送了,并且又把名字由图坦卡顿改为图坦卡蒙。

他在位仅9年即告夭亡,大概也是出于某种政治暗害。这位青年的政绩如何现在一无所知,但只活了18年的国王大约不会有什么重大的成就。所以说,图坦卡蒙一生唯一出色的成绩就是他死了并且被埋葬了。

然而,这样一个微不足道的人物的葬仪已是如此豪华,那么,埃及昌盛时期的伟大法老的殡葬之奢侈就真是难以想象、难以形容的了,而他们对人民剥削、压迫、驱使之酷烈也自是难以言表。

迷你知识卡

奥西里斯神

是埃及神话中的冥王,九柱神之一,是古埃及最重要的神祇之一。奥西里斯神它最初是大地和植物神,后来成为阴间的最高统治者,永恒生命的象征。它以人形出现,但是两腿不分明,手拿连枷和弯钩,祭拜该神的中心在阿拜多斯和费来岛。

花岗石

是一种由火山爆发的熔岩在受到相当的压力的熔融状态下隆起至地壳表层,岩浆不喷出地面,而在地底下慢慢冷却凝固后形成的构造岩,是一种深成酸性火成岩,属于岩浆岩。

花岗石是火成岩,是火成岩中分布最广的一种岩石,由长石、石英和云母组成,岩质坚硬密实。

13 仁德天皇陵（日本）
——世界最大的前方后圆坟

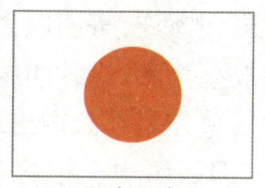
日本国旗

1. 全世界最大的前方后圆坟
2. "大和民族"的"古坟时代"
3. 国家鼎盛时期的产物
4. 用陪葬品炫耀生前的权威
5. "中日交通"的悠久历史

■ 全世界最大的前方后圆坟

仁德天皇陵通常称其为"大仙古坟"，全名是百舌鸟耳原中陵，位于今天日本堺市大仙町。墓主实际身份不明，日本传统上将之吧、比附为仁德天皇。这座前方后圆的古坟异常地巨大，它前方朝南，全长约486米，后圆部直径约249米，高度约35米，前方部分宽度约305米，高度约33米，由3层建成。是日本最大的陵寝，也是全世界最大的前方后圆坟。这座陵寝的规模之大，甚至大于扬名中外的秦始皇陵。

为了营建出仁德陵的高大，不知有多少无名的人被迫付出了难以计量的劳动。

曾有土木专家推算过，得出了下面这些惊人的数字：大坟所用的总土方约1 405 866立方米。这些土方如以一人之力，从平均200米外的地方搬运而来，当共需1 406 000工次，以千人之力搬运而来，当共需4年；以载重5吨的大车搬运而来，当共需562 347车次。

观光指示板

然而这些还只是就坟本身的筑造工程而言，如果再加上那三重大壕和那塑烧过放在坟边、坟顶上的2万多件埴轮所需的人力，则其天文数字

图说世界著名陵墓

当更加惊人了,此坟确是大王权威,也是大王淫威的反映和产物。

"大和民族"的"古坟时代"

大和国家兴起于3世纪中叶以后的大和(今奈良县)。当时,日本列岛已有许多小国,但是都各自为政,其中较大的是邪马台国。邪马台衰落后,后崛起的大和国逐渐扩大领土,5世纪时,基本上统一了日本列岛。

大和国是各地臣氏族贵族的联合政权,首领称大王(后称天皇),是世袭君主,但还没有绝对权力,实际上是氏族贵族的共主。大和时期创造的文明成为日本文化的源头,所以日本人骄傲地称自己为"大和民族",就如中国人说自己是"炎黄子孙"、"华夏民族"一样。

大和政权时期,日本的天皇贵族以及豪门大户,普遍以为自己建造高大的坟墓为荣,这种叫做"古坟"的巨大的坟墓先是在畿内出现,很快盛行全国,因而历史上把这个时期(公元3世纪后半叶—7世纪)称为"古坟时代",这是日本继绳文式文化、弥生式文化之后的又一个文化阶段。

根据古坟形制的发展演变,一般又可分为前、中、后三期。有趣的是,它恰好同日本国家开始统一、昌盛,最后走向衰亡这一过程相一致。

国家鼎盛时期的产物

每一个巨大的建筑物都与当时整个国家的文化、经济的繁荣昌盛密

皇陵石刻

切相关，像埃及和墨西哥的金字塔就是样。只有在国家的鼎盛时期，才有可能建出能流传万代的精美的建筑物。日本仁德天皇陵都也是在这种情况之下建成的。

仁德天皇在位时，日本经济、文化都非常兴盛，国家很强大。仁德天皇可以集中大量钱财建筑自己的陵墓。

现在，仁德天皇陵都是日本著名的旅游点，它位于日本大阪市南面，比中国的秦始皇皇陵大得多，堪称世界第一墓。建造仁德天皇陵都耗费了大量的人力、物力和财力。

若按每天2 000人建造来计算，需要花费15年零8个月的时间。当然，一个死人是要不了那么大一块地方的，除了显示皇家气派以外，死去的皇帝还想带很多东西去"天堂"。

陵墓里的随葬品中有各种各样的铜器、玉器、金刀和各种名贵首饰。此外，还有用黏土烧成的战马、舞女、帆船等。总之，活着的时候享用的东西死去也要尽可能多地带上。仁德天皇在位时就督促建造他的陵墓，几十年的精心准备和建造，墓里墓外的

仁德天皇陵内一角

豪华和富贵可畏前无古人了。

■ 用陪葬品炫耀生前的权威

古坟的特点是堆土成丘，在坟丘中埋石室，放置棺木以安葬死者。坟内埋有大量的金银器、铜器、玉器等珍贵的随葬品，坟丘上部及周围排列着许多埴轮。

根据古坟堆土的形式，有圆坟，方坟，前方后圆坟，上圆下方坟等等的区别，其中以前方后圆坟的规模最为雄伟，形状也十分优美，再加上它是国外没有而日本独具的形式，所以可以把它作为日本高冢式古坟的代表。

前方后圆坟的鼎盛阶段出现在

鸟瞰仁德天皇陵

古坟发展的中期。这一时期，高冢林立，形象地反映着当时大和政权的兴盛和大王的权威。仁德天皇陵便是这一潮流的代表并高踞峰巅。

陵墓周围环绕着圆筒形、牵牛花形以及家屋、犬马、女子、水鸟等形状的埴轮和葺石。坟外有三重濠沟，周围有十多座陪葬墓。1872年坟丘的方形部分崩坏，露出了横穴式石室，内有石棺，棺外有鎏金铜甲胄、刀、玻璃器等；此外，还出土了铜镜，环形大刀、马铎等器物。

这些随葬品，种类之所以如此广泛，是出于这样的考虑：即为了不让死后的生活有什么不便之处，要尽量把死者生前使用的物品多多益善地装入棺内。

至于坟墓外部设置的家屋、犬马、女子等土俑究竟代表什么意思，并不明确。比较有力的说法是：古坟在当时也是祭祀的场所，人们在这里举行仪式以拜谒祖灵，所以房屋、器具等土俑是作为常设的装饰性的东西放在那里的，而人形土俑则是用来表示参拜者。

另外一种说法认为坟前摆放这些模拟房屋、器物和动物、人物形象的埴轮，其目的是炫耀死者生前的权威和享乐，并且力图把这一切全部从人世带到阴间。

"中日交通"的悠久历史

仁德天皇陵以大著称,不过它的大与前期古坟的大不可同日而语。

前期的古坟比较取巧,它是利用丘陵自然隆起的圆形部分作为坟顶,又利用倾斜而又较狭的部分,把它削平、整形,使其略呈方形,作为坟首;再在坟顶上筑一竖穴,以便纳棺于其中。这就是前期古坟的代表形式。

由此,我们可以看出这种坟外貌虽似高大,但是名不符实,因为它是借丘陵之高大以为高大的,因此是虚假的夸张的高大。

而仁德陵则比较实在,由丘陵转到了平地,这才是货真价实的大坟,因为它是全部用人工筑成的。这就好比一个穿高跟鞋的矮个子和一个穿平底鞋的高个子,前者显出的高挑自然不如后者的让人心悦诚服。尽管它们同是大王和贵族残酷剥削、役使人民的见证。

仁德天皇陵内景

仁德陵的主人仁德天皇,据考证就是《宋书·倭国传》中向东晋安帝"万里修贡"的"倭王赞"。可见中日交通由来以久。而中国大陆长期战乱时(南北朝对立时期)流入日本的中国人也不在少数。此外,还有大量为逃避战争灾难而移居日本的朝鲜人,他们中的许多人也都在高大的仁德陵中洒下过苦辛的血汗。

可以说,土俑是日本人生活和心灵的表现,有着超越时代的强大生命力。

迷你知识卡

仁德天皇

日本第16代天皇(313年1月3日至399年1月16日)。有学者认为,他就是《宋书·倭国传》所记载的倭王赞(或弥)。在位期间,重视农业,曾疏通难波的堀江、筑茨田堤、开和珥池。外交上积极与南朝刘宋通交,力图在朝鲜半岛扩大权势。其陵墓是世界上最大王墓,长480米,宽305米,高30余米。

埴轮

日本古坟时代陶制的丧葬用品,排列在古坟坟丘的上部及周围,流行于4—6世纪。

秦始皇陵（中国）
——最雄伟的帝王陵墓

中国国旗

1. 骊山脚下的始皇帝陵墓
2. 统一六国的"暴君"
3. 不受宠的皇家帝王继承人
4. 世界上最大的地下皇陵
5. 打井农民发现的"世界第八奇迹"

◾ 骊山脚下的始皇帝陵墓

秦始皇陵位于陕西省西安市临潼区以东的骊山脚下。据史书记载：秦始皇嬴政从13岁即位时就开始营建陵园，由丞相李斯主持规划设计，大将章邯监工，修筑时间长达38年，工程之浩大、气魄之宏伟，创历代封建统治者奢侈厚葬之先例。

秦始皇陵于1974年被发现，这个第一个统一中国的皇帝，殁于公元前210年，葬于陵墓的中心。

在他陵墓的周围环绕着那些著名的陶俑。那些略小于人形的陶俑形态各异，连同他们的战马、战车和武器，成为现实主义的完美杰作，同时也具有极高的历史价值。

秦始皇陵规模宏大，气势雄伟，南依层层叠嶂、山林葱郁的骊山，北临逶迤曲转、似银蛇横卧的渭水之滨。高大的封冢在巍巍峰峦环抱之中与骊山浑然一体，景色优美，环境独秀。

陵园总面积为56.25平方千米（相当于78个故宫的大小）。陵上封土原高约115米，现仍高达76米，陵园内有内外两重城垣，内城周长3

秦陵出土的铠甲

840米，外城周长6 210米。内外城廓有高约8～10米的城墙，今尚残留遗址。墓葬区在南，寝殿和便殿建筑群在北。

现代考古证明，秦始皇陵地宫完整的保存在封土堆下，几千年来未被盗掘。

统一六国的"暴君"

秦始皇是中国历史上一位杰出的政治家、军事家，嬴姓，赵氏，名政，秦庄襄王之子，自公元前236年至公元前221年的15年中，秦国先后灭掉了韩、赵、魏、楚、燕、齐六个诸侯国，彻底结束了战国群雄割据的历史。在血与火中，建立了中国历史上第一个统一的、多民族、中央集权的郡县制王朝——秦王朝。

"秦王扫六合，虎势何雄哉；挥剑决浮云，诸侯尽西来。"秦始皇——这位叱咤风云的旷世君主，不仅为后人留下了千秋伟业，还留有这座神秘莫测的皇家陵园。

秦始皇帝是首位完成中国统一的秦王朝的开国皇帝。先秦时期男子称氏不称姓，故称赵政、秦王政、秦王赵政、赵王政，然而后世多称之嬴政。

秦始皇是中国历史上第一个使

秦始皇塑像

用"皇帝"称号的君主，被明代思想家李贽誉为"千古一帝"。秦始皇是中国历史上第一个使用"皇帝"称号的君主，所以自称"始皇帝"，但却二世而亡。对中国和世界的历史均产生了深远而重大的影响。

不受宠的皇家帝王继承人

秦始皇的母亲赵姬原是吕不韦的姬妾，吕不韦出于政治目的将已怀孕的赵姬献给异人（即秦庄襄王），后来赵姬至大期生子名政；又据《史记·秦始皇本纪》记载，"秦始皇帝者，秦庄襄王子也。庄襄王为秦质子于赵，见吕不韦姬，悦而取之，生始皇。"

作为一个并不受宠爱的质子的儿子，赵政少年时期是在赵国都城邯郸度过的，此时异人经吕不韦从中斡旋已然回到秦国，并认华阳夫人为母，经过多次政治斗争终于获得了华阳信任，吕不韦又花费大量精力与金钱将赵姬母子接回秦国，从此赵政开始了他在秦王宫里的政治生涯。

秦始皇陵是中国历史上第一个皇帝陵园。其巨大的规模、丰富的陪葬物居历代帝王陵之首。陵园按照秦始皇死后照样享受荣华富贵的原则，仿照秦国都城咸阳的布局建造。建筑材料是从湖北、四川等地运来的。为了防止河流冲刷陵墓，秦始皇还下令将南北向的水流改成东西向。

◤ 世界上最大的地下皇陵

秦始皇陵集中了秦代文明的最高成就。秦始皇把他生前的荣华富贵全部带入地下。秦始皇陵地下宫殿是陵墓建筑的核心部分，位于封土堆之下。

除闻名遐迩的兵马俑陪葬坑、铜车马坑之外，又新发现了大型石质铠甲坑、百戏俑坑、文官俑坑以及陪葬墓等600余处，数十年来秦陵考古工作中出土的文物多达10

神情各异的"地下兵团"

万余件。在陵园里设立有多处文物展台,展示了秦陵近 20 年来出土的部分文物。

残缺的陶俑

在凝重的绿色和高大的墓冢之间,为了让游客身临其境的感受王者的尊荣、王者的威仪,秦始皇陵上演有大型的"重现的仪仗队——秦始皇守陵部队换岗仪式"表演和集"声、光、电"于一体的秦始皇陵陵区、陵园、地宫沙盘模型展示,生动直观地揭示秦陵奥秘,展示其丰富内涵。

始皇陵是中国历史上第一座帝王陵园,是我国劳动人民勤奋和聪明才智的结晶,是一座历史文化宝库,在所有古代帝王陵墓中以规模宏大、埋藏丰富而著称于世。

◤ 打井农民发现的"世界第八奇迹"

1974 年春,秦始皇陵被当地打井的农民发现。由此埋葬在地下两千多年的宝藏得以面世,被誉为"世界第八奇迹"。

兵马俑坑现已发掘3座，俑坑坐西向东，呈"品"字形排列，坑内有陶俑、陶马8 000多件，还有40 000多件青铜兵器。

坑内的陶塑艺术作品是仿制的秦宿卫军。近万个或手执弓、箭、弩，或手持青铜戈、矛、戟，或负弩前驱，或御车策马的陶质卫士，分别组成了步、弩、车、骑四个兵种。在地下坑道中的所有卫士都是面向东方放置的。

据钻探得知共有三个陪葬坑，其中1974年发现的一号坑最大，它东西长230米，南北宽62米，深5米左右，长廊和11条过洞组成了整个坑，与真人马大小相同、排成方阵的6 000多个武士俑和拖战车的陶马被放置在坑中。

在一号坑的东北约20米的地方是在1976年春天发现的二号坑，它是另一个壮观的兵阵。南北宽84米，东西长96米的二号坑，面积9 216平方米，建筑面积为17 016平方米。二号坑内有多兵种联合阵容，包括步兵、车兵、骑兵和弩兵等。

二号坑西边是三号坑，1989年10月1日才开始允许游客参观。南北宽24.5米，东西长28.8米的三号坑面积为500多平方米。三号坑经有关专家推断，被认为是用来统帅一、二号坑的军幕。一乘战车，68个卫士俑以及武器都保存在坑内。

1974年以来，在陵园东1.5千米处发现从葬兵马俑坑三处，成品字形排列，面积共达20 000平方米以上，出土陶俑8 000件、战车百乘以及数

兵马俑外景

殉葬品——铜车马

万件实物兵器等文物。其中一号坑为"右军",埋葬着和真人真马同大的陶俑、陶马约6千件;二号坑为"左军",有陶俑、陶马1 300余件,战车89辆,是一个由步兵、骑兵、战车等三个兵种混合编组的曲阵,也是秦俑坑的精华所在;三号坑有武士俑68个,战车1辆,陶马4匹,是统帅地下大军的指挥部。这个军阵是秦国军队编组的缩影。

1980年又在陵园西侧出土青铜铸大型车马2乘。引起全世界的震惊和关注,这些按当时军阵编组的陶俑、陶马为秦代军事编制、作战方式、骑步卒装备的研究提供了形象的实物资料。

迷你知识卡

骊山

秦岭北侧的一个支脉,东西绵延20余千米,最高海拔1 256米,远望山势如同一匹骏马,故名骊山。骊山温泉喷涌,风景秀丽多姿,自3 000多年前的西周就成为帝王游乐宝地。周、秦、汉、唐以来,这里一直是游览胜地,曾营建过许多离宫别墅,吸引着各代游人。这里有被称为关中八景"之一的"骊山晚照"、烽火戏诸侯的"烽火台"、纪念西安事变的兵谏亭、纪念女娲补天的老母殿等。

沙盘

根据地形图、航空图像或实地地形,按一定的比例关系,用泥沙、兵棋和其它材料堆制的模型。

15 甘地陵（印度）
——圣雄之陵

印度国旗

1. 朱木拿河畔的心灵磁石
2. 著名的"非暴力不合作"
3. 他的骨灰与恒河一起亘古流传
4. 他最后高喊"嗨！罗摩！"
5. 布什不招待见的瞻仰

甘地塑像

莫汉达斯·卡拉姆昌德·甘地是印度民族运动的领袖。他出生在古吉拉特一个正统的印度教家庭，1920年成为国大党公认的领袖，他首创的非暴力不合作策略从此成为该党的总路线。

从20至40年代，他多次发动反英不合作运动，号召印度教徒和穆斯林团结反英，在领导印度1947年获得独立的斗争中起了重要的作用。

正如一位英国作家所说：甘地先生不但把民族运动变成了革命运动，而且也深得民心。

▨ 朱木拿河畔的心灵磁石

在印度首都新德里东郊朱木拿河畔，有一座肃穆、幽雅的陵园。园中的陵墓没有任何装饰，极其普通、简朴。然而，这里却像一方圣地，一块心灵的磁石，每逢节假日，便吸引无数身着白色民族服装的人们从四面八方赶来。他们脱掉鞋子，赤脚走进陵园，深切地悼念陵园的主人、印度的国父——甘地。

在他的一生中,有过许多深得人心的斗争,著名的"食盐进军"便是其中一次。他率领着大约79名经过挑选的男女信徒,步行离开他萨巴马提的住所,来到西印度的丹地海岸,自煮食盐,公开对抗殖民当局的食盐专买法。

24天中他们行程388千米,在整个的长途旅行中,甘地受到了能使皇帝也产生妒意的尊敬和热烈的欢迎。村民们从四面八方聚集起来,道路清扫干净,路上撒满了花瓣,当圣徒们经过时,人们垂首下跪。

著名的"非暴力不合作"

在甘地一生的斗争中,最著名的莫过于"非暴力不合作"政策,这让他过得像个真正的苦行。他曾用这样的教诲号召民众:"愿意追随我的人们,你们必须准备以地作床、身穿粗布、黎明即起、节制食欲、清理厕所。"

在甘地屈指可数的财产里,有一架木纺车。这在某种程度上是他向世人进行教诲的象征,他一有空就会手不停顿地摇动这古老的纺车,他的行为准则是"吃饭而不劳动,如同偷窃"。

他衣着朴素简单,并劝告弟子们也这样生活。他说:"服饰仅仅能使人们对廉耻之心产生错觉。"

他的宿敌,英国保守党领袖温斯顿·丘吉尔曾针对甘地的衣着说他是个"半裸体的游方僧"。对这句世人皆知的辱骂,甘地在平生唯一一次与丘吉尔的直接交锋中回击了他。他说,他赤身露体,象征他心洁如镜,毫无邪念,这正是他孜孜追求的,并为此感到自豪。

甘地博物馆

事实上，他吃得非常少，而且经常不吃。这是他奇特的而又最有效的斗争策略，他领导人民不时地公开进行绝食，迫使英国走投无路，屈服就范。

在79岁高龄时，他还进行了一生中最后一次绝食，以此反对德里居民屠杀伊斯兰教徒的暴行以及印度临时政府扣压分给巴基斯坦的一笔财政余款，和以往一样，他获得了胜利。

他的骨灰与恒河一起亘古流传

甘地就像照耀在印度国土上的光辉，照亮了世代遭受奴役的印度人民的心灵，启迪他们团结起来，为争取自由和独立而斗争。然而这道光辉却被他照耀下的人民熄灭了。由于反对教派纠纷，在1948年1月30日赴晚祷会的途中，印度教大会的狂热分子刺杀了这位被印度人民称作"圣雄"和"巴布"（印度语"父亲"）的老人。

听到他去世的消息后，数十名印度人当即颓然昏倒，还有数十名印度人相继投海自杀；全国各地的商店、咖啡馆、餐厅、影院和各种作坊纷纷关门停业。

"圣雄"甘地之墓

甘地陵一角

当天晚上,在广阔的印度大陆上,没有人家烧火煮饭;美国总统杜鲁门唁电说"全世界同印度一起悲哀地哭泣",法国总理乔治·皮杜尔则唁电"所有相信人类博爱的人,将永远为甘地逝世伤心地哭泣"。

在他被刺杀的第二天,按照印度教的风俗,甘地的遗体被送到了距朱木拿河不远的拉杰加特火葬场,这里是火化历代国王的场所。他的遗体上覆盖着白红两色的床单,象征死者毫无憾意地走向冥间,床单上是一件极为荣耀的外衣:独立印度的红、白、绿三色国旗。数十万不同种族、不同教派、不同肤色的群众,悲痛万分地赶来送葬。

圣雄甘地的次子主持了火化仪式。焚尸柴堆燃烧了整整一夜,人们络绎不绝地来到先知的骨灰前静默志哀。

遗体火化后的第十二天,盛装甘地骨灰的铜罐,经过615千米的旅行后,从新德里来到了阿拉哈巴德,蓝色的朱木拿河与浑浊的圣河——恒河在这里汇聚,萨腊瓦斯蒂暗河也流经这里。

300万信徒参加了抛撒骨灰的仪式。甘地的骨灰罐乘着一艘白色的小船抵达圣河的汇合处,然后甘地的次子用恒河水和神牛奶灌满了父亲的骨灰罐,轻轻摇动,在人们吟诵完永别经后,慢慢地把骨灰撒向川流不息的水中,船上的人在这一条条灰色的粉灰上面撒下一把把玫瑰花瓣。

他最后高喊"嗨!罗摩!"

在朱木拿河滨的火化场上,印度人民为怀念"圣雄"建造了一座陵园,这就是甘地陵。陵园呈凹形,四周是爬满青藤的水泥围墙,园内芳草萋萋、绿荫如盖、百花竞芳、清幽宁静而又充满生机。

在陵园正中，树影花丛之间静卧着一座黑色大理石陵墓，它是一个普通的正方形平台的样子，高约1米，长宽约3米。墓后是一盏长明灯，昼夜不熄，这是印度争取民族独立精神的象征。

陵墓正面用印度文刻着甘地遇难倒地时喊出的最后两个字："嗨！罗摩！"。罗摩是印度史诗《罗摩衍那》里的英雄，被认为是印度教中保护之神毗湿奴的化身。

陵墓上面还用印度文和英文镌刻着甘地的教诲："我希望印度自由强盛，敢于牺牲自己，勇于创造一个美好的世界。每个人应当为自己的家庭牺牲，每个家庭应当为自己的县牺牲，每个县应当为自己的省牺牲，每个省应当为自己的国家牺牲，每个国家应当为全人类牺牲。我期望'天国'降临尘世。"

布什不招待见的瞻仰

各国领导人在印度进行国事访问时，都要到甘地陵来瞻仰，美国总统布什也不例外。为了确保布什此次印度之行的安全，安保人员专程从美国调来65只训练有素的嗅探犬，把"圣雄"甘地安息之地彻头彻尾查了个遍。

此举马上招致当地印度教徒的反感，因为甘地陵墓在他们心中是个神圣的地方，岂能容忍一群警犬在陵园内"撒欢"。就在布什前脚刚走，负责维护墓地的印度教徒们就展开了"净园"行动，他们特意取来了印度教的"圣水"——恒河水，全面清扫"狗保镖"们带来的"秽气"。

陵园中长着很多珍贵的树种，它们是各国元首来这里瞻仰时种下的，48年过去了，它们当中的一些树苗已长成了参天大树，这座像甘地的一生一样质朴无华的陵墓，将和这些树木一样，在印度人民心灵的土地上根深叶茂、永葆生机。

迷你知识卡

绝食

断绝进食；断绝饮食（自杀或表示抗议），一般来说在监狱里面，许多犯人为了争取到应有的权利，而断绝饮食，而监狱的看管者因为犯人的重要性，所以只能满足犯人的要求。绝食，也是革命人士在狱中采取的斗争方式之一。其中最著名的代表是"印度圣雄"甘地。

16 马赫迪陵墓（苏丹）
——苏丹人民的"独立之父"

苏丹国旗

1. 尼罗河西岸的马赫迪宫
2. 颠沛流离的童年生活
3. 苏丹人民的斗争旗帜
4. 精良装备政府败给了苦行僧
5. 刺死殖民者戈登的长矛

◼ 尼罗河西岸的马赫迪宫

恩图曼是座苏丹名城，它位于白尼罗河左岸同青尼罗河汇合处，隔河与首都喀土穆相望，构成首都"三镇"，河上有三桥飞架，将三镇连成一片。它是通向埃及的公路起点和水陆转运站，也是苏丹的经济与贸易中心，同时也是一座风光秀丽的旅游城市。

恩图曼位于非洲东北部，红海西岸，是非洲面积最大的国家。北邻埃及、西接利比亚、东北濒临红海，海岸线长约720千米。苏丹全国气候差异很大，自北向南由热带沙漠气候向热带雨林气候过度。

苏丹地处生态过渡带，极易遭受旱灾、水灾和沙漠化。尼罗河谷纵贯中部；青、白尼罗河汇合处一带土质最肥沃；巨大的尼罗河上游盆地在国土南部，地势低平、水网密集、沼泽广布。

马赫迪像

恩图曼城内绿意荡漾，那繁茂的柠檬树、挺拔的椰枣树、高大的棕榈树和宛如绿色大伞的阿拉伯橡胶树，鳞次栉比,使游人触目所及都是丰沛的绿色,心境格外明朗与欣喜。

在这座城市的东南隅,有一座伊斯兰教风格的雄伟建筑分外引人注目,这就是马赫迪陵墓,它是苏丹人民为纪念民族英雄马赫迪而修建的纪念馆。这座建筑所蕴含的历史意义使每一位到苏丹的游客都要来此参观,在赞叹建筑本身的魅力时,引发对历史的思索,并献上对英雄的敬佩与悼念。

颠沛流离的童年生活

穆罕默德·艾哈迈德·马赫迪出生于一个造船工人家庭,艾哈迈德童年的生活既贫苦,又不安定,哪里有茂密的林木,哪里需要造船,父亲就带着全家迁移到哪里。

艾哈迈德的童年和少年时代就是在四处漂泊中度过的,这也让他从小目睹了劳苦大众所遭受的苦难和压迫,这丰富了他的阅历,也因此他不想继承父业,想读书当个学者。

修完宗教学课程后,他以传教士的身份来到苏丹北部和西部传教。此时的苏丹实际上已沦为英国的殖民地,只见田野荒芜,百业凋敝,百姓在官府和教会的双重盘剥下卖儿鬻女、背井离乡,而首都喀土穆城里的英国殖民者与封建官吏、教会权贵却过着花天酒地的生活。

艾哈迈德的心中愤愤不平,一种拯救民众脱离苦难的使命感油然而生,他发誓:"我对我的宗教,我的民

马赫迪陵墓

族负有责任。我应该净化我的宗教，拯救我的民族。"

苏丹人民的斗争旗帜

在与宗教导师发生冲突之后几年里，艾哈迈德声誉日隆，吸引了日渐增多虔诚苏丹随从者。在去科尔多凡旅行中，他获得了宗教权贵们广泛支持，使增强了斗争信心。

1881年6月，在阿巴岛僻静处所，宣称自己是"久被期待救世主"，也就是前来恢复回教原有纯净的末世救赎人物。此后，对总督劝导毫不理会，庄严宣布：除了受命于神的权威之外，不承认任何权威。"此举迎合了当时苏丹人在不满久受埃及压迫与亲西方统治情况下所产生期待。

面对总督讨伐，艾哈迈德率领用刀剑、长矛和棍棒装备起来300多名信徒，在阿巴岛严阵以待，并在1881年8月12日亮出自己旗帜："先知哈里发——穆罕默德·马赫迪。""马赫迪"在阿拉伯文里意为"被神正确引导人"，引申为救世主。在伊斯兰教国家里，常有人以此作为反封建、反侵略思想武器和组织形式。

穆罕默德·马赫迪名字从时起就成了苏丹人民反对国内外敌人斗争旗帜。起义者把个名字刻在印章

马赫迪清真寺圣洁恢弘

上，用来发布命令。

精良装备政府败给了苦行僧

马赫迪起义军旗开得胜，再战告捷，三战凯旋，如有神助，马赫迪声望倍增。连英国政府官员在给政府报告里也说："一个完全拥有充足武器、弹药、金钱和士兵的政府，却被一个卑微普通苦修僧完全打败而陷于瘫痪。若不是有神直接干预，怎么会有这样的结果？"

支持埃及当局英国政府唯恐马赫迪起义会损害自己利益，决定调兵遣将去镇压马赫迪运动。然而，他们

所派去"名人良将",全部无济于事。无奈,英国远征军只好撤退。马赫迪军队取得了对英帝国主义战争的辉煌胜利。

然而,就在苏丹独立武装斗争正在发展壮大的关键时刻,马赫迪却于1885年6月22日病逝在恩图曼堡。最亲密战友阿卜杜拉·马赫迪接过未竟事业,建立了统一中央集权制国家,定都恩图曼。

1896年,不甘失败的英国殖民者卷土重来,于1898年9月2日攻陷恩图曼。英军入城后,烧杀抢掠,并悍然挖开了马赫迪陵墓,把马赫迪遗体抛入河中。

刺死殖民者戈登的长矛

马赫迪陵墓是一座银灰色与淡黄色相间的石砌建筑,高达40多米,直径20多米。座基是淡黄色的立方体,座基的每面墙壁上凿有9个拱形窗洞,顶部有银灰色的彩陶贴面。宫室是八面体,也呈淡黄色,每面墙上各开一座银灰色的拱形双扇窗。

陵墓上部是一座银灰色的锥形圆顶,顶部中央是一座银灰色金属小塔。

主圆顶周围有4座凉亭相护,它们坐落在座基的四角上,底部是四根银灰色柱子,中间是淡黄色拱形门洞,顶部则是银灰色的锥形小圆顶,式样与主圆顶相同,犹如众星捧月,星月增辉。整座建筑外观均衡、协调,色调纯净明丽又富含变化,尤其在灿烂阳光的照耀下,更显得雄伟壮丽。

马赫迪的棺椁停放在宫室的大厅中央,雕刻得非常精致,四周围以栏杆。栏杆外立有一块石碑,上面镌刻着马赫迪的家谱。在马赫迪

马赫迪陵墓一角

马赫迪宫

陵墓中,还陈列马赫迪起义珍贵文物、资料和图片,其中有书写"先知哈里发——穆罕默德·马赫迪"殷红色起义军战旗,起义军战士穿戴白袍、白头巾、腰带、斗篷和使用的武器剑、矛、棍棒等。

在陈列品中,有一杆亮铮铮长矛和一件黄袍马褂特别引人注目。长矛是刺死英国殖民者戈登的锐利武器,而黄袍马褂则是由中国清朝皇帝赐给戈登,以嘉奖其配合李鸿章残酷镇压太平天国运动的"功劳"。

戈登不仅是剿灭中国农民起义的帮凶,而且在第二次鸦片战争期间,还是抢掠和焚毁中国圆明园的强盗。1874年,戈登又成为英国派驻苏丹殖民总督,以镇压马赫迪运动,从埃及手中夺取苏丹,建立一个形式上独立而实际上属于英国殖民地。

1885年1月底,马赫迪起义军攻陷喀土穆,粉碎了戈登迷梦。在总督府楼梯口,起义军战士用锋利长矛刺死了个殖民主义刽子手。

马赫迪起义历时18年,他善于鼓动、精于谋略、长于进攻,沉重打击了英国殖民者,是近代非洲规模最大、持续时间最长的一次反对殖民统治的武装起义,为苏丹的民族解放事业立下了不朽功勋,在非洲近代反帝斗争史上谱写了重要的一章,被苏丹人民尊为"独立之父"。

迷你知识卡

传教士

指的是坚定地信仰宗教,并且远行向不信仰宗教的人们传播宗教的修道者。

虽然有些宗教,很少到处传播自己的信仰,但大部分宗教使用传教士来扩大它的影响。虽然任何宗教都可能送出传教士,一般传教士这个词是指基督教的宣教师。

17　列宁陵墓（俄罗斯）
——苏联的缔造者

俄罗斯国旗

1. 克里姆林宫墙下的伟人墓
2. 他要撞倒那堵朽墙
3. 苏联的缔造者
4. 警钟 15 分钟鸣响一次的肃穆致敬
5. 庞大的遗体维护工程

▣ 克里姆林宫墙下的伟人墓

列宁之墓位于莫斯科的克里姆林宫墙下，从 1924 年去世后，他的遗体就在这里公开展示。他的遗体安详地仰卧在铺有红色党旗和国旗的水晶棺里，身穿黄色上衣，胸前佩戴一枚红旗勋章。

列宁身高只有 1.62 米。但他躺在那里却不显矮小。他脸上的神气自然而平和，那种安睡般松弛的状态非常逼真。他没有死去之后的感觉，而是像活着而睡着了那样。

尽管他皮肤的质感看上去有一点缺乏弹性，面色却幽幽泛光。他的双手——左手习惯般地微微握着，右手似是不觉地松开。这两只手摆在黑色带红边的缎面的被盖上，十分生动。

列宁像

列宁逝世以后，陵墓每周开放两次，不论是炎夏酷暑，还是天寒地冻，人们都能看到川流不息的人群肃穆地穿过红场,沿着微坡,来到克里姆林宫墙前拜谒列宁陵墓,透过墓中的水晶棺、瞻仰伟大的列宁的遗容。

列宁遗体迄今已保存87年。在此期间,工作人员每天都要对遗体做湿润工作,还要在这衣服下注入防腐剂;专家们定期用精密仪器对肤色、体形、凸出部位进行测定,可以长久保存下去。

▨ 他要撞倒那堵朽墙

1870年4月22日弗拉基米尔·伊里奇·乌里扬诺夫·列宁生于俄国伏尔加河畔的辛比尔斯克,他的母亲虽然是位家庭妇女,但品质高尚,为人善良正直,知识丰富。他的父母关系亲密,相敬如宾。

列宁的父母热爱孩子,又很重视孩子的教育。这种家庭本身对孩子的成长就必然有着积极的影响。他的几位兄弟姐妹也都具有同样的教养和品德。哥哥亚历山大在彼得堡大学时学习成绩优异,由于积极参与民意党谋刺沙皇的准备工作,于1887年被处死刑,死时年仅21岁,这件事情对列宁影响极大。

从青年时代起,列宁就开始为推翻旧制度而奋斗。他被捕后,警察问他:"小伙子,造反有什么好处?你不是在向一堵墙上撞吗?"列宁回答:

列宁墓

"是的，但这是一堵朽墙，一撞就倒的。"这时，他是一个具有初步革命民主主义思想的青年。

他曾经被流放到荒无人烟的西伯利亚，有关他的笔名"列宁"，据他的亲属推测，很可能是选了西伯利亚的一条美丽而雄伟的河流的名字，为了纪念这段生活——这条河叫"勒拿河"，与"列宁"一词的词根相同。

列宁是如此热爱他的祖国。他曾借涅克拉索夫"俄罗斯母亲呵，你又贫穷又富饶，你又强大又软弱！"的诗句来抒发心中的感慨。

1918年列宁遭到暗杀，虽然保住了性命，但列宁的身体从此开始恶化，子弹留在他的颈部，靠脊柱很近，约1厘米，当时的医疗条件无法安全取走子弹。直到1922年4月24日，由一位德国医生为列宁实施手术取出了子弹。

1922年5月，列宁第一次中风，右侧部分瘫痪，开始减少政务。列宁晚年得了脑溢血症，但他在病中仍口授了《论合作制》等文章和信件。1924年1月21日，列宁不幸与世长辞，终年54岁。列宁生前的全部著述达55卷，是一位多产的作家。

■ 苏联的缔造者

陵墓坐落在前苏联、今天的俄罗斯首都莫斯科的红场上，在克里姆林宫墙正中的前面。说起克里姆林宫和红场的来历，还有一则轶事。

相传伊凡三世曾想以莫斯科取代土耳其的君士坦丁堡，使之成为东正教的中心，于是命令在面积为28万平方米的莫斯科城四周建起红色围墙，并不惜重金聘请意大利建筑大师巴洛克设计城内的建筑，这就是现在的克里姆林宫。为防御敌人突袭及万一城中失

列宁墓位于红场西侧

火时火势蔓延，又下令在围墙之外保持一定的空旷地，这便是今日的红场。

列宁陵墓是根据舒谢夫院士的设计建造的，舒谢夫因此获得了"苏联功勋建筑师"的称号。他在列宁逝世以后两天就开始设计陵墓，在安葬日以前匆匆赶建成一座木质结构的临时性陵墓，里面安放着列宁的水晶棺。

陵墓的结构与色调肃穆、凝重，外面镶嵌贵重的大理石，黑色和灰色的拉长石，深红色的花岗石和云斑石。其中深红色代表革命旗帜的颜色，黑色表达人民的永远悼念之情。

■ 警钟15分钟鸣响一次的肃穆致敬

陵墓体积为5 800立方米，内部容积为2 400立方米。墓前的碑石刻有"列宁"字样，净重6万千克。陵墓一半在地下，一半露出地面，采用钢筋混凝土的框架结构。

其外形底部是稳重的石基座，然后是台阶，向上逐级收小，其上是通往检阅台石级的平座；再往上是五级

列宁纪念碑

不同高度的台阶和由36根柱子组成的柱廊；顶部是两级阶梯状的平顶，这里是检阅平台，全民节日时在此检阅游行队伍和武装部队。

检阅平台两侧是灰色大理石砌成的观礼台。从整体上看是陵墓外观阶梯状的3个立方体。由于陵墓体型简洁、朴素而庄重，又位于斯巴斯克钟塔横向轴线与克里姆林宫墙纵轴线相交处这一显著位置，从而成为红场建筑群突出的中心。

陵墓的中心是悼念大厅，大厅四周环镶红砖，墙壁上有用花岗石雕刻的苏联国徽和国旗。列宁的遗体安详地仰卧在铺有红色党旗和国旗的水晶棺里。整个陵墓建筑庄严典雅，陵墓入口处有士兵日夜守卫，陵墓四周环绕着四季常青的枞树。

克里姆林宫旁边的斯巴斯克塔楼，每隔15分钟鸣响一次，倍增肃穆气氛。1994年，列宁墓被联合国教科文组织确认为"世界历史文化遗产"。

庞大的遗体维护工程

列宁墓的维护在苏联时期是由国家拨款，苏联解体后，俄罗斯政府悄然停止了这笔财政拨款。列宁墓维护单位的经费出现了短缺，目前只够例行性的检修维护工作。

俄罗斯每四年任命一个政府委员会，成员包括卫生部长、权威解剖学家、病理解剖学家和生物化学家，任务是对遗体进行检查并核对必要的数据。该委员会每隔5~10年从遗体取样化验，然后将其制成标本。

护理遗体的防腐秘方被列为尖端科技项目和国家一级机密。每周一和周五专家小组会检查墓室内的光照情况，他们打开水晶棺，给列宁面部涂上特制的防腐剂。给列宁遗体穿的衣服是从瑞士特别订购的一种有光泽的精美面料缝制成的，列宁生前就非常喜欢这种面料。

一般情况下，技术人员每隔三年要给列宁遗体换一次着装，但是，由于"列宁墓慈善基金会"的资金本来就少得可怜，必要的防腐经费都很紧张，更何况衣服的价格相当昂贵（高达3万美元），所以，列宁遗体已多年无法及时更换新装。

工作人员只能对现有着装进行细致的清洁，所以躺在水晶棺中的列宁，表情安详、和蔼，两眼微闭，面色微微泛红，唇上的短髭与颌下那缕著名的山羊胡子一如生前，似乎仍在微微颤动，散发出一股淡淡的光芒，让人恍惚之间从内心升腾起一股力量，这就是那个挥动着有力臂膀把旧世界搅了个天翻地覆的小个子男人。

迷你知识卡

沙皇

尼古拉二世沙皇是俄罗斯帝国皇帝1546年到1917年的称呼。第一位沙皇是伊凡四世，最后一位沙皇是尼古拉二世。1721年彼得大帝改名皇帝。但直到1917年为止，俄国的统治者一直都称为沙皇。

水晶棺

水晶棺有天然水晶的和人造K9水晶的两种，表面可雕龙画凤，体表晶莹剔透、闪闪发光，是贵人的象征。

18 哈特谢普苏特墓（埃及）
——埃及第一位女王之墓

埃及国旗

1. 依山临河的第一女王墓
2. 女扮男装的强硬女法老
3. 底比斯西岸的阴间冥府
4. 深谙权术的野心家
5. 从女婿手中夺权

哈特谢普苏特墓壁画

■ 依山临河的第一女王墓

早期法老把金字塔作为葬身之所，但哈特谢普苏特首开先河建造了坟墓。哈特谢普苏特是埃及的第一位女王，其陵墓位于底比斯卫城的最北端，建在峭壁北端。与国王谷那些男法老拥挤隐蔽的墓室不同，整座陵墓依山临河，以优雅大气的姿态彰显着女王的丰功伟绩。

虽然历经3 000多年，大殿上的浮雕至今保存完整。两层平台极其广阔，每层平台前设廊柱和通廊，配有极细腻的浮雕，内容为女王降生、女王出访蓬特、众人搬运方尖碑等。

女扮男装的强硬女法老

哈特谢普苏特女王是开创古埃及一代盛世的第十八王朝法老，也是图特摩斯一世与王后唯一的孩子，嫁给继位的哥哥图斯摩斯二世，因为没有生育而辅佐庶子继承皇位，而后独揽王位，自立为法老。

在执掌大权统治埃及的 21 年间，埃及风调雨顺，国泰民安，开创了第十八王朝统治的黄金时代。她还史无前例地组织了一支探险队前往非洲东海岸一个叫庞特的神秘国度探险，寻找贸易市场，这些场面都通过壁画反映在陵寝的石墙上。

她最为人熟知的装束是戴假胡须、身着男装、束胸宽衣、手执权杖、威严无比。女法老一般处理国事，极少有人见过她本人，她的真实相貌和她的传奇故事一样神秘。

作为女法老，哈特谢普苏特用强硬的政治手腕，一直在与其养子、后来的图特摩斯三世暗中争权。所以在她去世后，图特摩斯三世采取了极端的报复行动，将陵庙中有她形象的地方都予以损毁；还有如卡尔纳克神庙的方尖碑等则采取了遮挡掩埋的

哈特谢普苏特墓

陵庙中的女神雕像

方法,这些却适得其反地起到了很好保护作用,得以保存至今。

底比斯西岸的阴间冥府

崇信太阳神的古埃及人按照太阳东升西没的规律兴建城池:东岸是活人居住的城池,宫殿如云、庙宇森列,无限繁华;西岸则是阴间冥府之地,陵寝遍布、珍宝深积,一片哀荣(古埃及著名的金字塔都在西岸)。

因此在首都底比斯的西岸是埃及古代最大的一个墓葬区,长达数十里的地带内,满布着数以千百计的古墓;在尼罗河各地边缘的山崖与河岸之间,耸峙着法老们的巍峨祭庙,那就是有名的帝王谷。

帝王谷距岸边7千米,这里一共有60多座帝王陵墓,埋葬着第17王朝到第20王朝期间的60多位法老,多数陵墓不对外开放。而最有特色也最为美观的哈特谢普苏特的祭庙恰好是对外开放的。

哈特谢普苏特祭庙因成功地利用了天然地形和与周围环境的和谐统一,从而被认为是古代建筑中和自然景观结合得最好的杰作之一。其对传统的突破,充分表露了埃及艺术家创新的才能,而这在君主专制的制度下是非常难能可贵而且也是难得一见的。

深谙权术的野心家

祭庙是用以进行对法老来世的荣华富贵的储藏室及举行重要仪式的寺庙,当然它还要为法老祭献供奉一日三餐。在金字塔的黄金时代,法老的木乃伊和随葬品都藏在巨大的金字塔内，与塔连通的祭庙，则是前者的附属建筑。

女法老头像

然而愤怒的人民的起义和盗墓者的猖獗，迫使后世法老不得不重新考虑这种布局。后来建造的金字塔就只具象征意义了，真正存放木乃伊的墓室则凿建在隐蔽的山崖深处，山崖中的墓室和河谷边的祭庙的地位日益显现。哈特谢普苏特之父图特摩斯一世怀着极大的勇气经过慎重的权衡利弊之后，把自己的墓室同祭庙分开，二者相距近1.6千米。

这种大胆的措施对他的灵魂极为不利，甚至也给自己死后的永生带来了威胁，因为灵魂要通过在死者的祭庙里按宗教节日举行祭祀才能生存，而且据说灵魂是不离遗体左右的。

哈特谢普苏特从小聪明伶俐，果敢坚强，深谙权术，她的丈夫是她父亲偏房所生的儿子，他们结婚后，她丈夫体弱多病，无心治国，继位不久，大权就落到哈特谢普苏特的身上。

几年后，二世病死。此时的哈特谢普苏特根基不稳，无法实现其抱负。于是，她安排二世与妃子所生的一个10岁男孩与自己的女儿完婚后继位，史称图特摩斯三世，她自己则以摄政王身份，全权管理国家事务。

为了使她的王位名正言顺，掌权之后，她在祭庙的墙壁上仔细记录并描绘了她"从神所生"，并且在壁画中，以"阿蒙——拉神之女"的名义"使埃及向她低了头"。

从女婿手中夺权

哈特谢普苏特眼看着女婿慢慢长大，心怀雄心。于是，她赶在女婿成年正式亲政之前，将他流放到偏远地方。至此，哈特谢普苏特成为法老已万事俱备，只欠如何打破女性无法当朝的传统了。

于是，她联合僧侣编造身世，称自己是太阳神阿蒙之女：太阳神为了让自己的后代统治埃及，化身图特摩斯一世与王后产下一女，如今，这位女子已历经磨难，可以成为统治埃及的法老了。

她还在神庙的石碑顶部放置许多金盘，反射太阳光芒，以向世人证明她与太阳神的亲密关系。接着，她开始女扮男装，下令所有人用男性代名词称呼她。

当上法老后，她精心治国，使古埃及继续保持兴盛。为了奖赏神庙中的僧侣，她复修了许多古建筑、祠庙，并赠送给神庙4座高达30余米的石雕方尖碑，为太阳神吟诗作赋。她还为自己修建了震撼后人的陵墓。

这座祭庙建在半圆状的梯形峭壁中，背依山岩峭壁，巧妙地利用了断崖伸出的宽阔平台来建造主体建筑。整体设计成迭升的台阶柱廊，有明确的纵深轴线，用平缓的坡道贯穿层叠的柱廊。最上层柱廊后面是殿堂本部，内殿则凿于山崖之中。

正面柱廊用简单的方柱形，简洁明快；第一层平台上的侧廊采用刻有凹槽的圆柱，形制优美；第二层平台上的柱廊则采用国王祭庙特有的奥西里斯柱，每支立柱前安放一尊身着奥西里斯式服装的女王像。这些柱廊比例协调，庄严而不沉闷，外观色调清亮纯净，与作为背景的悬崖交相辉应。

祭庙的装饰非常精美。各种廊庑的墙面上都有华丽的彩绘壁画和浮雕。一些浮雕描述了女王神圣的诞生和她统治期间的大事，包括派遣贸易船队远征朋特（今索马里海岸），搬运碑石到卡尔纳克神庙，以及一些宗教活动。

如今，在埃及博物馆的木乃伊展厅里，这位埃及第一女王的木乃伊静静地躺在陈列柜中，木乃伊的脖子上缠绕着凌乱麻布样的饰物，眼窝和鼻孔都被填充堵塞着，整颗头颅上的头发已经不复存在。这就是"有万物不及之美"的哈特谢普苏特女王真身，令人唏嘘和感叹。

迷你知识卡

神庙

神庙一般指帝王的宗庙，也指佛寺等。神庙是古代埃及的一种典型石造建筑物，其格局几乎固定不变，是由塔门、露天庭院、列柱大厅和神殿四部分组成的。卡纳克神庙和卢克索神庙是古埃及神庙建筑的典范，充分显示了古埃及人的高度智慧和精湛的建筑技术。

图说世界著名陵墓

19 达·芬奇墓（法国）
——异乡游子的家

法国国旗

1. 葬在法国的意大利画家
2. 一个善于运用技巧的想象家
3. 在国王的怀中死去
4. 欧洲文化交融的城堡之家
5. IBM 公司用达·芬奇的画作原稿

■ 葬在法国的意大利画家

在法国巴黎的罗浮宫中，有一件举世闻名的镇馆之宝，那就是意大利著名画家里奥纳多·达·芬奇的《蒙娜丽莎》。有关画中女子真实身份流传多种说法。

有人说，画中人是当时佛罗伦萨一名名妓；有人说，她是达·芬奇母亲；还有人说，蒙娜丽莎并无原型，是结合了画家心中完美特征的理想女性典型。创造了世界上独一无二的蒙娜丽莎的微笑的达·芬奇葬在异乡法国一个叫昂布瓦兹城堡的地方。

从巴黎坐 55 分钟火车到圣·皮埃尔·德科尔车站，再驱车约 20 分钟，便到了坐落在被称为"法兰西花园"的卢瓦尔河谷中，面向法国母亲河卢瓦尔河的昂布瓦兹城堡。

昂布瓦兹城堡之所以享有盛名，

昂布瓦兹城堡内景

不仅由于它是建于十五、十六世纪的具有典型文艺复兴时期风格的古堡，还因为它与文化巨人达·芬奇有着特殊的关系。达·芬奇那光耀世界的生命之火最终就在这里熄灭。他曾经伴随着法国国王弗朗索瓦一世，在这里走完了生命的最后时光。

1519 年 4 月 23 日，在写完"无人不将化为乌有"后，达·芬奇认为"死亡已是必然，未知的只是时间"。于是，他立下遗嘱，将灵魂交给上帝，据记载,他曾在临终前哭泣,忏悔自己没有为艺术做出应尽的努力。5月2日,文化巨人达·芬奇离开了这个世界。

一个善于运用技巧的想象家

在意大利佛罗伦萨附近的海滨小镇——芬奇镇,有一个叫安奇亚诺的小村庄。1452年4月15日,伟大的画家莱昂纳多·达·芬奇就在这个美丽的地方降临人世。达·芬奇的父亲皮耶罗·达·芬奇是佛罗伦萨有名的公证人,家庭很富有。

达·芬奇的童年是在祖父的田庄里度过的。孩子时代的达·芬奇聪明伶俐、勤奋好学、兴趣广泛。他歌唱得很好,很早就学会弹七弦琴和吹奏长笛。他的即兴演唱,不论歌词还是曲调,都让人惊叹。他尤其喜爱绘画,常为邻里们作画,有"绘画神童"的美称。

达·芬奇14岁时,父亲皮耶罗受一个贵族的委托,要画一幅盾面画作为他们家族的标志,他就想让小芬奇试试,看看儿子到底能画到什么程度。小芬奇凭借自己丰富的想象力,用了一个月的时间,画成了一个吓人的妖怪美杜莎。这幅作品完成后,小芬奇请父亲来到他的房间。他把窗遮去一半,将画架竖在光线恰好落在妖怪身上的地方。

皮耶罗刚走进房间就看到了这个面目狰狞的妖怪,吓得大叫起来。小芬奇则笑着对父亲说:"你把画拿去吧,这就是它该产生的效果。"

达·芬奇的父亲皮耶罗·达·芬奇确信儿子有绘画天赋,便将14岁

昂布瓦兹城堡

的小达·芬奇送往佛罗伦萨,开始系统地学习造型艺术。他不仅仅具有丰富的想象力,还会运用多种绘画技巧,他很早就下定决心,要做一个研究者、一个教师、尤其是一个艺术家。《蒙娜丽莎》就是运用了透视法等多种绘画方法。

在国王的怀中死去

在佛罗伦萨和罗马漂泊一段时间后,1515年达·芬奇移居法国,最后定居昂布瓦斯。他晚年极少作画,潜心科学研究,去世时留下大量笔记手稿,内容从物理、数学到生物解剖,几乎无所不涉及。

他一生完成的绘画作品并不多,但件件都是不朽之作。其作品具有明显的个人风格,并善于将艺术创作和科学探讨结合起来,这在世界美术史上是独一无二的。

达·芬奇晚年被法兰西国王弗朗索瓦一世邀入法国,伴随着他的,还有用骡子从罗马驮来的他最为钟爱的三幅作品:《蒙娜丽莎》、《圣·安娜》和《圣·让·巴蒂斯特》。

弗朗索瓦一世对达·芬奇十分钦佩,他说:"难以想象一个人在雕塑、绘画、建筑方面同时拥有如此多的学识。"国王将这个城堡赠与大师,条件只是:能有幸听到大师的声音。

于是,达·芬奇就居住在这里,运用他那拥有天才智慧的头脑,同时

达芬奇故居

充当了工程师、建筑师和导演等角色,在科学和艺术的领域中自由自在地幻想、探索。这个国王是他的知音和伯乐,经常时不时地去请教。

1519年5月2日,年事已高的达·芬奇因病逝世了,他在赶来的弗朗索瓦一世怀中咽下了最后一口气。按照他的遗愿,这位意大利的名人被安葬在了异乡法国。

欧洲文化交融的城堡之家

安葬达·芬奇的昂布瓦兹城堡,在建筑风格上不仅是法国式的,还带有鲜明的意大利风格。这要追溯到数百年前,那波利国王费琅一世去世后,查理八世、路易十二和弗朗索瓦一世纷纷踏上了那波利王国和米兰王国。

此时,法国统治者们惊奇地发现了意大利文艺复兴艺术的巨大魅力,于是他们便想用它来装点自己的"法兰西花园"。据专家考证,正是昂布瓦兹城堡首次将意大利建筑艺术风格带到了卢瓦河畔。

沿着古代卫兵行走的坡道登上城堡的平台,放眼四眺,美丽壮观的卢瓦河畔景色尽收眼底;郁郁葱葱的河谷、枝叶繁茂的地中海植物花园、

达·芬奇之墓没有墓志铭

一座座散落在河谷上的十五、十六世纪建筑、骑士塔楼,如同一颗颗钻石镶嵌在绿丝毯上。

达·芬奇的墓就在平台之上的圣于贝尔拜堂。这个拜堂位于路易十一建造的旧祈祷堂的地基上,是为纪念猎神圣于贝尔而建。

后来,路易十一的儿子、在昂布瓦兹出生的查理八世国王将之按照火焰哥特式风格建成国王的私人礼拜堂。达·芬奇逝世后,先被葬在圣·弗洛朗坦教会堂,19世纪教会堂被摧毁后,他的遗骸就被移葬到圣·于贝尔拜堂。如今,这位世界文化巨

人就静静地躺在这里,以欣慰的目光看着他所播下的文化艺术种子在不断开花结果、发扬光大。

登上高出卢瓦河40米的米尼牧骑士塔楼,便可看到繁花似锦的、具有鲜明意大利风格的那波利公园。公园是15世纪末由汤·姆·帕赛罗设计的,建在一个中世纪封闭式公园的地盘上,他将原来的公园逐年扩大,种植了许多地中海一带的植物,如松树、黄杨树等,并引进了一些在意大利繁殖的新品种,如甜瓜、柑橘等。

公园的下方是12世纪罗马建筑物圣弗洛朗坦教会的遗址,也就是达·芬奇曾经停葬过的地方。

距离昂布瓦兹城堡500米,还有一座名为克洛吕斯的城堡,这就是达·芬最后的故居,大师生前在这里度过了他的最后一段时光。

IBM公司用达·芬奇的画作原稿

今天,当人们在这里参观到IBM公司根据400年前达·芬奇的图纸制作完成的40部机器时,无不叹为观止,为这位文化巨人的超人想象力和预见性所折服。

艺术天才达·芬奇在这里还为宫廷设计组织了许多精妙的、别出心裁的庆祝活动,其中包括让情侣们在这里享受国王的婚礼私人晚宴,由此开始了法国皇家城堡蜜月之旅。

城堡还为来自八方的游客提供了精彩纷呈的度假节目,坐热气球鸟瞰卢瓦尔河谷、乘直升飞机俯视卢瓦尔河畔古堡、乘古老帆船或情侣小舟漫游卢瓦尔河,或者骑情侣自行车漫游昂布瓦兹森林,这里到处都弥漫着艺术的气息。

迷你知识卡

《蒙娜丽莎》

《蒙娜丽莎》是文艺复兴时代画家列奥纳多·达·芬奇所绘的丽莎·乔宫多的肖像画。它的拥有者法国政府把它保存在巴黎的卢浮宫供公众欣赏。

IBM

国际商业机器公司,或万国商业机器公司的简称。总公司在纽约州阿蒙克市,1911年创立于美国,是全球最大的信息技术和业务解决方案公司。

该公司创立时的主要业务为商用打字机,及后转为文字处理机,然后到计算机和有关服务。

20 卢梭的墓（法国）
——人生的休止符

法国国旗

1. 一只从墓地里伸出握着火炬的手
2. 日内瓦的孤儿
3. 巴黎沙龙的宠儿
4. 真理之子长眠拥护者的花园
5. 墓前拿破仑与花园主人的对话

■ 一只从墓地里伸出握着火炬的手

在埃尔默农维勒镇的波普里埃小岛上，有一个被全世界人所熟知的墓志铭，上面写着："这里长眠着真理与自然之子"。墓地正面是一座城堡，棺木外形被设计成建筑的模样。从正面看，雕有一扇微微开启的门，门缝里伸出一只手来，手中擎着一支熊熊燃烧的火炬，像征着卢梭的思想照亮了法兰西甚至是全世界。

埃默农维尔园的布局确是不规则的，没有图案式的花圃，园林，那些树木、溪流、湖泊、草地均像大自然本身一样自由流畅，不着人工痕迹。

园子有两个坡度很缓的山丘和它们之间那块广阔的谷地组成，谷底是一片呈长形的湖泊，湖岸尽是一些散漫的弯角，高大挺拔的树木绕着曲

卢梭像

折的湖边生长。

沿着湖边由北向南走到湖的尽头。那儿有一个圆形的，周围种了一圈意大利杨的小岛，岛上有一个长方形的石砌陵墓，这边地方就是整个公

园的灵魂所在,也是卢梭墓所在。

日内瓦的孤儿

卢梭出生于瑞士日内瓦的一个钟表匠家庭,祖上是从法国流亡到瑞士的新教徒。他的母亲在他出生后因难产而去世,他有一个兄长,在他很小的时候就离家出走,从此卢梭再没有得到他的任何消息。

由于家境贫寒,他没有受过系统性的教育,书却读了不少,他父亲将他送去当学徒,先跟着一个公证人,再跟一个镂刻匠,后来受不了苛待,十六岁时他就逃离日内瓦去流浪。当过学徒、杂役、家庭书记、教师、流浪音乐家等,后又被通缉流亡国外。流亡期间他得到了华伦夫人的爱护。华伦夫人在卢梭早年的生活中扮演了保护人、朋友、精神上的母亲等多重角色。

他听从华伦夫人的劝告,开始他的远途旅行,一有机会就爬山越岭,登临阿尔卑斯山的高峰,一路上,卢梭心情十分愉快,他内心感到一种醉人的享受。大自然的奇伟、多彩和真实的美,深深地影响了卢梭的人生观。

巴黎沙龙的宠儿

卢梭自从离开华伦夫人以后,开始自谋生活,先后当过家庭教师、书记员、秘书等。同时也广交了各方面的人士,尤其是他结识了大哲学家狄德罗。由于有共同的兴趣、爱好和志向,他们之间建立了深厚的友谊。

他们彼此都热心于学术工作,狄德罗和卢梭等人便着手合编一部《百科全书》,卢梭负责音乐部分,这项工作由于狄德罗被捕而中断了。卢梭四处向朋友求援,希望把狄德罗放出来,但收效甚微。

卢梭经常前往狄德罗被关押的监狱探望他。1749年夏天,天气非

卢梭的棺椁安放在地下的开放空间

卢梭像

常炎热。从巴黎到监狱之间有较长的路程,卢梭步行去看狄德罗,常带着一本书,走累了休息时可看看书。

有一天,他带了一本《法兰西信使》杂志,忽然看到第戎科学院的征文启示:《科学和艺术的进步对改良风尚是否有益》。卢梭看到这个题目时,好像被万道光芒刺射了一样,许多富有生气的思想不知不觉地从他心中涌现出来。

他顿时感到窒息,仿佛看到另一个宇宙,自己变成了另一个人,脑子里不仅涌现出与第戎科学院的论文有关的思想,而且一连串的想法相继而起,就像大浪一样冲击着他。

卢梭把这件事告诉了狄德罗。狄德罗鼓励卢梭继续发挥自己的思想,写出文章去应征。卢梭积极撰写了这篇论文,写成后又交由狄德罗审阅,自己又反复修改了多次,以《论艺术和科学》为题寄出应征。1750年,他这篇论文获得了头等奖,逐渐成为巴黎的名人。次年,他出版了《新爱洛漪丝》,作品立刻轰动巴黎。

◼ 真理之子长眠拥护者的花园

1768年8月29日,卢梭与同居

了25年的女仆瓦瑟在布戈市结婚，此前他们生有5个孩子，并全部寄养在孤儿院。1778年7月2日，已患"迫害性心理分裂症"的卢梭在巴黎东北面的阿蒙农维拉去世，死时穷困潦倒。

在埃尔默农维勒镇的波普里埃小岛上，有一个花园的主人是卢梭的疯狂拥护者，他虽然是一个贵族爵爷，家财万贯，但对于这位鼓吹自由平等的哲学家却十分追捧。

以至于他对自己孩子们的教育，也完全遵照卢梭的《爱弥儿》这本小说里所提倡的教育原则开展的，当时住在巴黎的卢梭，因为不断受到反对派的骚扰和迫害，爵爷把他接到园中居住。

主张回归大自然的卢梭，对这片有着原始自然面貌的地方十分喜爱，他来到这园子时，情不自禁地大声宣称："我很久不曾见到一棵树不是布满尘埃的了，而这里的一切都这么清新，我简直想长住这里了呢！"

他每天一大清早起床去看日出，在山林水边随意游荡，高兴时一直游到沙漠中去（那时候的沙漠石属于园子的范围）。他还经常走出园子，到附近森林田野去采集植物标本。为了对侯爵表示谢意，他给侯爵的孩子们上音乐课，讲故事，以他的教育主张对孩子们进行教育，宾主之间相处极为融洽。

主人还为他在园子的绿荫里修建了一座瑞士的房屋，准备给他长住。但造物主却另有安排，六个星期后，

卢梭雕像

那座为他而起的屋子还未竣工,他便猝然辞世,享年66岁。一个午夜里,在一片火炬中,主人把他埋在杨树岛上。

陵墓正面写着:"这里长眠着真理与自然之子",另一面是一幅精巧的浮雕,重要部分是一个正在为孩子哺乳的半裸夫人,像征新生。画面的另一个女人在向天发誓,表示永远不再亵渎自然;还有一些全裸的男孩正在把女人的紧身衣和婴儿的襁褓烧毁。作者的灵感是来自卢梭的小说《爱弥儿》,在这部小说里,女人的紧身衣和婴儿的襁褓均被指为无用和不洁之物。

虽然在他逝世后的十多年,骨殖便被迎入"先贤祠",但湖中的杨树岛仍然是千万人顶礼膜拜的圣地。

墓前拿破仑与花园主人的对话

拿破仑在他还未称帝时,从意大利远征归来,来到这园子,请爵爷把他引领到卢梭墓前,默念后对他说:"如果没有卢梭这个人,法国就天下太平了,大革命就是他的思想引出来的。"主人深知这位执政大人正好是从大革命中崛起的,便回答他说:"我觉得,这场革命不应该由阁下这样的人来抱怨吧?"

拿破仑回答说:"将来的人会明白,如果世界上没有卢梭,也没有我,就会天下太平。"

公园的小山坡上有一座建筑物,名为"哲理祠",它呈圆形,没有屋顶,一面擎立着几根高大的圆柱,外面有点像古希腊的神庙。

向东一面有一处进口,可以踏着几级破破烂烂的石头台阶进去,那里长满绿苔、爬满攀藤,高大白色的圆柱藏匿在绿树丛中,典雅绝伦、美不胜收,这也是就是对卢梭这个拥有颠沛流离的童年且崇尚自然的哲学家最好的缅怀。

迷你知识卡

狄德罗

狄德罗(1713.10.5—1784.7.30),法国18世纪杰出的启蒙思想家、唯物主义哲学家和教育理论家。他的最大成就是主编《百科全书》。此书概括了18世纪启蒙运动的精神。其它著作包括《对自然的解释》(1754年)和《生理学基础》(1774年—1780年)以及一些小说、剧本、评论论文集以及写给很多朋友和同事的才华横溢的书信等。

21 尼采墓（德国）
——莱比锡的精神支柱

德国国旗

1. 他长眠在出生受洗的教堂
2. 女性家庭成长出的优柔性格
3. 瑞士上流社会新宠
4. 希特勒推崇他的超人思想
5. 面临挖掘危机的尼采墓

◼ 他长眠在出生受洗的教堂

尼采的墓在莱比锡城南部的洛肯小镇，那里是尼采的出生地，有他曾接受洗礼的教堂——他父亲曾经布道的地方，有他玩耍的果园、学习阅读和写作的学校，还有他的父母与妹妹的坟墓。

大哲学家的墓碑上并没有什么惊人的墓志铭，仅仅刻着："弗里德里希·尼采，1844年10月15日—1900年8月25日"。

莱比锡位于德国东部的莱比锡盆地中央，气候温和、工业发达。在这里，褐煤开采和加工、化学、重型机械制造、纺织、食品加工、印刷、烟草为重要工业部门。西南部以种植小麦、甜菜、饲料、蔬菜为主，东北部种植黑麦、燕麦、马铃薯。

弗里德里希·尼采像

此外，乳用畜牧业和养猪业发达。这里还有稠密的铁路和公路网。德国统一后成为萨克森州的一部分。

女性家庭成长出的优柔性格

尼采出生于普鲁士萨克森州勒肯镇附近洛肯村的一个乡村牧师家庭。他的父亲是宫廷教师,曾为四位公主执教,深得国王的信任,于是他获得恩准以国王的名字为儿子命名。后来,国王指派尼采的父亲到勒肯镇担任牧师,尼采也就在这里出生了,而他恰好与国王同一天生日。

尼采回忆:"无论如何,我选在这一天出生,有一个很大的好处,在整个童年时期,我的生日就是举国欢庆的日子。"他的祖父是一位虔诚的基督徒,写过神学著作;他的外祖父是一名牧师。

幼儿时期的尼采是个沉默的孩子,两岁半才学会说第一句话。在尼采5岁时,父亲死于脑软化症,年仅2岁的弟弟又夭折,亲人接连的死亡,使这个天性敏感的孩子过早地领略了人生的阴暗面,铸成了他忧郁内向甚至孤僻的性格。

后来他自己回忆说:"在我早年的生活里,我已经见过许多悲痛和苦难,所以全然不像孩子那样天真烂漫、无忧无虑……从童年起,我就寻

尼采墓

求孤独,喜欢躲在无人打扰的地方。而往是在大自然的自由殿堂里,我能够找到真实的快乐。"

父亲死后的第二年,尼采随同母亲和妹妹迁居瑙姆堡,从此便生长在一个完全女性的家庭里,被家中信教的女人们(他的母亲、妹妹、祖母和两个姑姑)团团围住,她们把他娇惯得脆弱而敏感。

尼采和他的母亲

尼采曾经这样讲述形容他的童年:"那一切本属于其他孩子童年的阳光并不能照在我身上,我已经过早地学会成熟地思考。"在尼采的成长过程中,虔诚的清教徒母亲的影响是不容忽视的,以致于他后来终生保持着清教徒的本色,犹如石雕一般纯朴。

瑞士上流社会新宠

尼采25岁时就被聘为瑞士巴塞尔大学古典语言学教授。此后的十年是尼采一生中相对愉快的时期。他获得了瑞士国籍,从此成为瑞士人。当时,巴塞尔城里所有贵族家的大门都对他敞开,他成为巴塞尔学术界的精英和当地上流社会的新宠。

后来,尼采辞去了巴塞尔大学的教职,开始了10年的漫游生涯,同时也进入了创作的黄金时期。但是他的作品却有闻所未闻的攻击性和令人瞠目的自我吹嘘。晚年的尼采是极其孤独的。长期不被人理解的他由于无法忍受长时间的孤独,在都灵大街上抱住一匹正在受马夫虐待的马的脖子,最终失去了理智。

数日后,他的朋友奥维贝克赶来都灵,把他带回柏林。尼采进入了他的生命的最后10年。他先是住在耶拿大学精神病院。1890年5月,母亲把他接到南堡的家中照料。母亲去世后妹妹接着照顾她。

在尼采的一生中,他的家庭始终是他的温暖的避风港,作为这个家庭中唯一的男性,家中的五位女性成员始终围着他转，无微不至地关怀他、呵护他，尽量满足他的一切愿望。

但尼采为了心中的崇高理想，毅然舍弃了这一切，像个苦行僧一样在这个风雨飘摇的世界中飘泊游荡、忍饥挨饿、沉思冥想。1900年8月25日，这位生不逢时的思想大师在魏玛与世长辞，享年55岁。

他的一生，就如同他的《查拉图斯特拉如是说》中的诗句一样——"银白的，轻捷地，像一条鱼，我的小舟驶向远方。"

◤ 希特勒推崇他的超人思想

尼采是近代最有争议的思想家之一，他是西方现代哲学的开创者，同时也是卓越的诗人和散文家。他最早开始批判西方现代社会，然而他的学说在他的时代却没有引起人们重视，直到20世纪，才激起深刻的思考和调门各异的回声。后来的生命哲学、存在主义、弗洛伊德主义、后现代主义，都以各自的形式回应尼采的哲学思想。

尼采宣扬的"超人"思想和领袖

莱比锡城市美景

观点，对希特勒特别具有吸引力。他的学说曾被纳粹分子肆意曲解成法西斯的理论支柱。希特勒曾亲自去拜谒尼采墓，并把《尼采全集》作为寿礼送给墨索里尼。

尼采是积极的虚无主义，而希特勒是机械的虚无主义，或者说消极的虚无主义，一个杀人如麻的恶魔，他的举动疯狂又不可理喻，相比之下，这恰证明了尼采作为一个哲人的真正的资格与特点!

而尼采也作出了疯狂的举动,作为真理的狂执者,他呐喊:"上帝已死,人当自立",看到现代文明的重重危机触目惊心,他们内心都有着强烈的孤独。所以,希特勒成为他的书迷也不足为奇。

对于这位伟大的哲学家来说,不知是一种荣幸还是悲哀的是:他的学说在当时有一定的极端性,不为主流思想所接受。

面临挖掘危机的尼采墓

他死后被安葬在自己出生的小镇,位于德国莱比锡市西南20千米处胡根小镇的教堂墓地里,这里是他的家族墓地,葬着他的父、母亲和妹妹,他生前受到家人的照顾,死后也和家庭成员在一起。这里和其他名人的墓不一样——简陋、毫不起眼。

莱比锡是德国褐煤资源最丰富的地区之一。洛肯小镇仅有600户居民,其中约20%的人失业。所以当德国的一家褐煤挖掘公司在这里勘探处丰富的褐煤层时,小镇居民沸腾了,当地的基督教社会主义党、社会民主党以及左翼党派——都赞成挖墓找煤的做法。

然而,以绿党为首的人士及尼采迷们却决定共同保护尼采墓地和现存的遗迹。目前,洛肯小镇上到处都贴着引用尼采杰作《查拉图斯特拉如是说》中提到的"对土地真诚"的海报。尼采迷们认为,移动这位德国最著名的哲学家的遗骸是一种亵渎。

他们认为尼采是胡根的精神基石,这一点决不能用什么工作岗位来衡量,也绝不能用抹平小镇的代价来换取经济利益。

而在周边主要城市里,政府官员担心的并不是尼采故居受到损坏,而是如果不建新煤矿,当地的就业形势与人口组成状况将继续恶化。好在公司将主动放弃这一建设计划。否则的话,伟大的哲学家尼采只好给煤矿让路,黯然搬离故乡。

迷你知识卡

希特勒

阿道夫·希特勒,奥地利裔德国政治人物,1921年成为纳粹党党魁,1933年被任命为德国总理,1934年成为德国元首。第二次世界大战期间,他兼任德国武装力量最高统帅,被公认为是二战的主要发动者。1945年德国战败,他的下落成为历史之谜。

22 阿灵顿国家公墓（美国）
——美国的心灵之乡

美国国旗

1. 《拯救大兵瑞恩》中的经典场景
2. 第一个葬在公墓的士兵是战俘
3. 公墓曾是华盛顿养孙的产业
4. 长眠在这里的大多是士兵
5. 肯尼迪总统的墓穴

■《拯救大兵瑞恩》中的经典场景

在美国有100多个国家公墓，而首都华盛顿波托马克河边的阿灵顿国家公墓最为著名，长眠在那里被视为安息者的光荣。

这是一个经常在电视和电影里可以看到的地方，《拯救大兵瑞恩》里瑞恩战后来到一望无边的白色十字架的墓地，把勋章放在救护自己而牺牲的战友墓前，画面感人至深，萦绕于心。

长眠在这里，起初是战争中阵亡的士兵，政治家，在工作岗位上殉职的国家工作人员，对国家有杰出贡献者。后来，毕其一生在军队中服役者，或在国家重要行政岗位上去世

阿灵顿国家公墓

者，也可以安葬在阿灵顿国家公墓。再后，在经过严格程序批准的情况下，有的安葬者的第一代子女可能随葬。

随着时代的推移，阿灵顿公墓安葬者的范围已有所拓宽，有些在某一领域作出了杰出贡献的人（如宇航员）亦安葬在阿灵顿。有一些将自己

的大半生都伴随军旅生活的妇女,也可以在生命终结之后安眠于此。

不管如何变化,士兵始终是阿灵顿安眠者的主体,安眠在美国军人的

阿灵顿国家公墓

荣誉归葬地。

第一个葬在公墓的士兵是战俘

阿灵顿公墓的建立是伴随着南北战争的腥风血雨的。1861 年美国南北战争爆发,原任美军上校的罗伯特·李,于 4 月 17 日辞去军职,接受南方分裂各州的命令,担任南军的高级指挥官,后任南军总司令。

罗伯特·李反叛后,他的庄园被国家没收。南北战争期间联邦军队的伤亡相当惨烈,国会遂批准将收归国有的阿灵顿庄园辟作国家公墓,实际上这之前已经有不少牺牲的北方将士安葬在这里。不过,第一个下葬于此的倒是那名南军俘虏,他是被俘后在医院里死去的。到战争结束,共有 1.6 万人安葬在庄园中心地区,包括南北军将士。

他们中有许多人没有留下名字,于是阿灵顿山山冈上建造了一座无名将士墓,墓中安眠着 2 111 名北军战士。南北战争结束后不久,李的长子在得到国家支付的 15 万美元后将阿灵顿庄园所余部分也交给国会,阿灵顿由此成为正式的国家公墓。南北战争以后,凡在国外作战中牺牲而遗骸能够运回美国的士兵都安葬于此。

为了显示人人平等的理念,将军与士兵的墓碑都采用统一的规格。阵亡将士的家属还有权利选择墓地的位置,即使只是个普通士兵,也会被准许安葬在某位将军墓地的一侧。

公墓曾是华盛顿养孙的产业

阿灵顿国家公墓是阿灵顿这个

美国第四小郡境内为数不多的大型建筑之一。这座公墓曾一度是罗伯特·李的岳父的产业。他的岳父帕克·柯蒂斯——美国的一位剧作家，是被尊为美国开国之父乔治·华盛顿的养孙。

华盛顿的妻子玛莎和她的第一任丈夫生下了柯蒂斯的父亲。柯蒂斯在弗吉尼亚州蒙佛农与华盛顿夫妇度过了一段相当长的时光，直到他的父亲去世，那时他已长大成人。

他的女儿玛丽于1831年嫁给了李将军，他的庄园成为玛丽和李将军的结婚寓所，并被李将军继承下来，从此改称柯蒂斯·李庄园。1861年4月，内战开始后，联邦军队进驻阿灵顿，把这座庄园没收，改为陆军司令部，并在庄园内建立兵营。1864年陆军部长颁布命令，将庄园的土地征用，作为军人公墓；同年5月13日，第一名士兵的葬礼在这里举行。

阿灵顿国家公墓规模庞大，占地达170公顷。陵园呈半圆形，周围树木葱郁，园内芳草如茵，墓地绵延起伏，洁白的墓碑鳞次栉比，宛如逝者的庞大军阵，声威浩荡、蔚为壮观。公墓中央的山丘上，有一处占地1.2公顷的大宅，这就是柯蒂斯·李宅邸，也称"阿灵顿之屋"。

这座仿照雅典昔修斯神庙建筑的殿堂，是美国最出色的希腊文艺复兴式建筑之一。它由英国建筑师乔治·哈德菲尔德设计。据统计，到1981年5月，阿灵顿公墓内安葬的

阿灵顿国家公墓一角

图说世界著名陵墓

林肯墓——荣誉的归葬地

死者已超过18万。

长眠在这里的大多是士兵

除了美国历史上的一些杰出人物，大部分墓碑下是美国历次战争中牺牲的官兵。公墓内还有一座死于第一、二次世界大战和朝鲜战争中的无名烈士墓，墓地上有一座白色大理石纪念碑，这里雇有哨兵全天看管。

除此之外，公墓内还有一些军事纪念碑，包括位于无名战士墓后的圆形剧场纪念碑，南北战争同盟纪念碑，以及1898年在哈瓦那港沉没的缅因号战舰上的桅杆。

这座公墓气氛庄严肃穆，环境静谧清幽。公墓内所有的墓碑都用白色大理石雕刻而成，而且每一座墓碑前都有一面小国旗肃立，使人觉得，一部美国断代史正以一种特别而又静默的姿态向你诉说，并清清楚楚地提醒你，不要遗忘这里所有死亡所蕴含的勇气与酷虐、献身与陪葬、荣耀与阴暗以及正义与罪愆。

肯尼迪总统的墓穴

肯尼迪总统兄弟的墓穴是参观

者最为关注的地方。选择将肯尼迪总统安葬在阿灵顿，是他的夫人杰奎琳提出的。

当时，直到肯尼迪的灵柩还在国会圆形大厅，将马上举办葬礼仪式之时，安葬地仍然没决定，肯尼迪家族和爱尔兰的亲友们认为应该葬在家乡布鲁克赖恩墓地，而罗伯特·麦克纳马拉则认为应该葬在阿灵顿国家公墓。

第二天，肯尼迪夫人杰奎琳驱车前往阿灵顿国家公墓。眼前的景象打动了她：和平而安宁。周围是宽阔的绿色，郁郁葱葱，浅灰色的墓碑深深地埋在地底，以至于只有走到跟前才能看见。她还想到了永恒的火焰，就像巴黎的"永不泯灭的圣火"一样。

杰奎琳突然产生了一个想法：肯尼迪的灵柩应安放在阿灵顿国家公墓。当你爬到小山岗，无意发现，两块长方形的深灰色花岗岩墓砖，前有深灰色墓碑，简单地刻着亡者的全名和他的生卒年月，不要奇怪这就是肯尼迪的墓。

与众不同的是墓前四块藕色花岗岩拼成一个圆形石坛，中间埋着一把无烟火炬，燃着柔和沉静的火光。这就是杰奎琳突然想到的永恒的火焰，长明不灭。在墓碑东侧有一段弧形矮墙，上面刻着他生前的精彩演讲中的一句名言："我的美国同胞们，不要问你们的国家能够为你做些什么，而要问你可以为国家做些什么。"

从肯尼迪墓地远眺，能望见山下的波多马克河和河边的林肯纪念堂，远处的华盛顿纪念碑和国会大厦的轮廓也很明晰。这里常常聚集着人群，但很安静，没有人高声交谈，甚至脚步都放得很轻。其实在整个墓区，都不存在任何商业设施，鲜花或其他任何祭物都需要事先准备好。

阿灵顿国家公墓里无数的白色十字架，代表战争的光荣，但也代表了哀痛。每年成百上千的人们悲伤地来缅怀他们所爱的人。在这里，没人知道是战争需要纪念，还是需要纪念战争。但是死于战争的人，得到了极大尊重，他们在天堂和人间寻求到永恒；而活下来的人，心灵也有一块思念的故乡。

迷你知识卡

肯尼迪

祖籍爱尔兰苏格兰地区。通常被称作约翰·F·肯尼迪、JFK或杰克·肯尼迪，美国第三十五任总统，美国著名的肯尼迪家族成员。

23 成吉思汗陵（中国）
——一代天骄的最后归宿

中国国旗

1. 一代天骄的无穷魅力
2. 他的母亲被抢走之后又被抛弃
3. 蒙古汗国横跨欧亚两洲
4. "万马踏平"的独木棺
5. 蒙古民族永远的圣地

■ 一代天骄的无穷魅力

孛儿只斤·铁木真，汗号"成吉思汗"，是世界史上杰出的政治家、军事家。成吉思汗陵在绿草如茵的内蒙古草原内，属全国重点文物保护单位，规模不算大却颇有特色。

现今的成吉思汗陵乃是一座衣冠冢，它经过多次迁移，直到1954年才由湟中县的塔尔寺迁回故地伊金霍洛旗，北距包头市185千米。

成吉思汗是位传奇性的历史人物，他的陵寝对旅游者也有很强的吸引力。他不仅创建了有史以来版图最大的蒙古帝国，还给后世留下无数谜团。

这里最热闹、最隆重的日子，是每年农历三月十七；这一天是成吉

成吉思汗陵园

思汗建立不朽战功的日子，要举行隆重的祭奠"苏勒定"大会。

苏勒定是大旗上的铁矛头，成吉思汗南征北战中，用它指挥过千军万马，传说成吉思汗死后，其灵魂便附在其上，因此在蒙古人民的心目中，苏勒定是十分神圣的。

成吉思汗陵近景

▌他的母亲被抢走之后又被抛弃

成吉思汗原名铁木真，1162年出生于蒙古部乞颜孛儿只斤氏的一个贵族家庭。经过多年征战，铁木真统一了漠北草原各部。1206年，他建立大蒙古国，尊号"成吉思汗"，蒙语意为"像大海一样伟大的领袖"。

他的童年并不快乐，铁木真的母亲诃额仑夫人出身于弘吉剌部，同蔑儿乞人赤列都结亲。但是当时的蒙古有"抢亲"的习俗，他的母亲后来被蒙古乞颜部首领也速该抢走。铁木真是她和也速该的第一个儿子。铁木真9岁时，父亲被铁木真兀格之子札邻不合毒死。也速该死后，俺巴孩汗孙泰赤兀部的塔里忽台乘机兴风作浪，煽动蒙古部众抛弃铁木真母子，使其一家从部落首领的地位一下子跌入苦难的深渊。

从此，他过了很长一段时间的流浪生活，居无定所、担惊受怕，他一直把这个仇恨记在心里，正是这种几代冤仇导致了草原内外的长期征战。母亲带他生活在树林里，靠母亲一个人打猎、采集来生活，他曾说过："拼杀冲锋的时候，要像雄鹰一样勇猛；高兴的时候，要像三岁牛犊一般欢快；在明亮的白昼，要深沉细心；在黑暗的夜里，要有坚强的忍耐力。"

铁木真18岁时，昔日仇敌蔑儿乞部的脱脱部长又抢走了他的妻子。就如当年他的母亲被其他部族抢走一样，铁木真向蔑儿乞部开战，打败了蔑儿乞人。

1184年前后，铁木真被推举为蒙古乞颜部可汗。铁木真称汗引起了雄心勃勃的札木合的忌恨，札木合纠合塔塔儿、泰赤兀等13部向铁木真发动了"十三翼之战"。这是铁木真一生所经历60余场战争中唯一一次战败。

陵园一角

随着自己力量的不断强大，铁木真开始向杀害父祖的敌人寻仇。在这种不断的寻仇和掠夺中，他最终占据了水草丰美的东部草原——呼伦贝尔草原，成为草原霸主。

蒙古汗国横跨欧亚两洲

成吉思汗及其子孙建立的蒙古汗国横跨欧亚两洲，当时世界上的各种宗教在其统治的范围之内几乎应有尽有。其中包括蒙古人原来信奉的萨满教，西藏、西夏和汉人信奉的佛教，金和南宋的道教、摩尼教，畏兀儿和西方各国信奉的伊斯兰教（回回教、答失蛮），蒙古高原一些部落乃至钦察、斡罗思各国信奉的基督教（包括景教，即聂斯托利派；也里可温，罗马派）等。

蒙古贵族征服天下，基本上是采取屠杀和掠夺政策，但其宗教政策却比较开明，并不强迫被征服者改信蒙古人的宗教，而是宣布信教自由，允许各个教派存在，而且允许蒙古人自由参加各种教派，对教徒基本上免除赋税和徭役。

实行这一政策，在一定程度上减少了被征服者的反抗，对蒙古贵族的得天下和治天下都曾发挥过不小的作用。

自忽必烈以后，元朝统治者主要提倡喇嘛教，西藏人八思巴被尊为"大宝法王"、"大元帝师"。以后每一帝师死，必自西藏取一人为嗣，一直到元朝灭亡。由此佛教掌握了西藏地方的政权，并将教义传入了蒙古。

"万马踏平"的独木棺

1227年，66岁的成吉思汗病死在六盘山。成吉思汗生前某日，曾经在肯特山上的一棵榆树下静坐长思，而后忽然起立，对手下随从说："我死后就葬在这里。"

南宋文人的笔记中也记载，成吉思汗当年在宁夏病逝后，其遗体被运往漠北肯特山下某处，在地表挖深坑密葬。其遗体存放在一个独木棺里。

所谓独木棺，是截取大树的一段，将中间掏空做成棺材。独木棺下葬后，墓土回填，然后"万马踏平"。

他葬于今天蒙古国境内的肯特山起辇谷。蒙古族盛行"密葬"，故真正的成吉思汗陵究竟在何处始终是个谜。所以现今的成吉思汗陵是一座衣冠冢。

陵墓坐落在内蒙古鄂尔多斯草原中部的鄂尔多斯市伊金霍洛旗甘德利草原上，距包头市185千米。蓝天绿草之间，三座蒙古包式的大殿肃然伫立，明黄的墙壁、朱红的门窗、辉煌夺目的金黄琉璃宝顶，使这座帝陵显得格外庄严。

陵园占地面积5万多平方米，主体建筑由三座蒙古包式的大殿和与之相连的廊房组成。陵园分作正殿、寝宫、东殿、西殿、东廊、西廊六个部分。整个陵园的造型犹如展翅欲飞的雄鹰，极富浓厚的蒙古民族艺术风格。

蒙古民族永远的圣地

传说成吉思汗下葬时，为保密起见，曾经以上万匹战马在下葬处踏实土地，并以一棵独立的树作为墓碑。为了便于日后能够找到墓地，在成吉思汗的下葬处，当着一峰母骆驼的面，杀死其亲生的一峰小骆驼，将鲜血洒于墓地之上。

成吉思汗陵内景

图说世界著名陵墓

成吉思汗塑像

等到第二年春天绿草发芽后,墓地已经与其他地方无任何异样。在这种情况下,后人在祭祀成吉思汗时,便牵着那峰母骆驼前往。母骆驼来到墓地后便会因想起被杀的小骆驼而哀鸣不已。祭祀者便在母骆驼哀鸣处进行隆重的祭奠。可是,等到那峰母骆驼死后,就再也没人能够找到成吉思汗的墓葬了。

成吉思汗的第三十四代嫡孙、中国最后一位蒙古王爷奇忠义先生近日向记者介绍一些鲜为人知的往事,揭开了成吉思汗陵神秘面纱的一角。他说:"外人不知道,位于伊金霍洛旗的成吉思汗陵很重要,并不仅仅是先祖成吉思汗的衣冠冢。

成吉思汗的灵棺中有很多秘密,但是不能说。记得1954年大祭灵时,曾开过棺,当时的内蒙古自治区主席乌兰夫亲眼看过。里面确实有部分人骨。鄂尔多斯的成吉思汗陵永远是蒙古民族的圣地。"

成吉思汗陵园里丛林茂密、芳草萋萋、鸟语花香。在这片宁静和谐的大草地中间,它以独具风格的相互连通的蒙古包大殿标示着中华民族史上威震天下、征服世界的一代天骄成吉思汗就长眠在这里。

勇敢、热情、彪悍的鄂尔多斯达尔扈特人世代守护着自己的英雄。

迷你知识卡

忽必烈

孛儿只斤·忽必烈(1215.09.23—1294.02.18),蒙古帝国成吉思汗孛儿只斤·铁木真之孙,监国孛儿只斤·拖雷第四子,孛儿只斤·蒙之弟。1260年自称蒙古帝国可汗,汗号"薛禅可汗",但未获普遍承认。1271年建立元朝,成为元朝首位皇帝,庙号"世祖",谥号"圣德神功文武皇帝"。

24 莎士比亚墓（英国）
——碑文震撼掘墓人

英国国旗

1. 英国莎士比亚的世界
2. 墓志铭的诅咒让他得以安宁
3. 他曾经做过肉店学徒
4. 对女王讨巧的赞美
5. 这里到处弥漫着莎翁气息

■ 英国莎士比亚的世界

英国的斯特拉特福被人们称为"莎士比亚的世界"，这里是一代文豪莎士比亚出生和逝世的地方，小镇上不仅有莎士比亚故居，还有安葬他的墓碑。

因为和大文豪沾点关系，小镇每年吸引着世界各地的参观者。几乎每个来过小镇的人都对莎翁的墓志铭念念不忘，因为这里有个"诅咒"。

大多数人认为莎翁的墓志铭必定是个惊人的绝句，比如"生存还是死亡，这是一个问题"，足以让人深思百年。

在小镇的圣三一教堂，莎翁的墓坐落在教堂内部一个非常醒目的地方，在供奉耶稣的圣坛旁边，教堂一侧的墙上还有莎士比亚的半身雕像。他的墓碑不高，却刻有四行古英语。

莎士比亚像

■ 墓志铭的诅咒让他得以安宁

这里的教堂墓地是这样一种情况：每一个人都希望安葬在距离圣坛

最近的地方,最初的墓地是死者的家属买下的,多付钱就可以买到好位置。但当一个人死去多年以后,他的棺木就会被移到比较偏远的墓穴去,把靠近圣坛的位置让出来,让新近死去的人埋在那里。

这也是教堂的生财之道,一个位置好的墓穴可以卖好几次。而最早埋下的尸骨恐怕一两百年后就找不到了。

莎士比亚的墓地是整个教堂里距离圣坛最近的一个,一直没有"搬家",并不是因为他是名人,而是受到了他自己撰写的墓志铭的保护。这句惊世骇俗的墓志铭是:"蒙天主仁慈,朋友们不要触碰我的墓。那些让我的墓地保持原样的人会被保佑,而碰到了我的身体的人将遭到诅咒。"

那些在教堂里负责移动墓穴的人是很迷信的,莎士比亚了解他们,他相信那些掘墓人看到有诅咒字眼的字句就绝不会动手。事实上,就像对他的读者一样,他写下的句子对一代又一代的掘墓人们都充分起到了他所预想的作用,没人动他的墓。

真没有想到,在莎士比亚的墓碑上,没有一个字记述他的成就,也没有一个字来表达后人的怀念。在警告式的留言中,充满了对自己身后事的忧虑之情。

莎士比亚教堂

他曾经做过肉店学徒

莎士比亚出生在一个富裕的市民家庭。他的父亲约翰·莎士比亚是经营羊毛、皮革制造及谷物生意的杂货商。莎士比亚7岁时被送到当地的一个文法学校念书,在那里一念就是六年,掌握了写作的基本技巧与较丰富的知识,除此之外,他还学过拉丁语和希腊语。后来他的父亲破产,他未能毕业就走上独自谋生之路。

1577年被父亲从学校接回,迫不得已帮他父亲做了一段时间的生意。他当过肉店学徒,也曾在乡村学校教过书,还干过其他各种职业,这使他增长了许多社会阅历。

莎士比亚年轻时在乡村当过教师,他也曾在一个叫托马斯·露西的富裕财主兼地方行政长官的土地上偷猎,结果被露西的管家发现,他为此挨了揍。莎士比亚出于报复,就写了一首讥讽大财主的打油诗,这首诗没过多久便传遍了整个乡村。大财主无论走到哪里,总有人用这首打油诗来嘲笑他。

莎士比亚墓一角

托马斯乡绅非常恼火,于是准备想办法惩罚莎士比亚,莎士比亚因此被迫离开斯特拉福德小镇,到伦敦避难。

当时的剧坛为牛津、剑桥背景的"大学才子"们所把持,由于他从未上过大学,一个成名的剧作家曾以轻蔑的语气写文章嘲笑莎士比亚这样一个"粗俗的平民"、"暴发户式的乌鸦"竟敢同"高尚的天才"一比高低!但莎士比亚后来却赢得了包括大学生团体在内的广大观众的拥护和爱戴,学生们曾在学校业余演出过莎士比亚的一些剧本,如《哈姆雷特》、《错误的喜剧》。这些戏剧后来被不停地搬上舞台,奠定了他后来成为戏剧大师的基础。

对女王讨巧的赞美

在莎翁的历史剧当中,君主往往是反面角色。英国的伊丽莎白女王当然知道这一点,她并没有下令禁止演出莎士比亚的戏剧。因为莎士比亚从来就没有对女王有任何不敬,相反,他写了很多歌颂女王和她妈妈的剧本,赢得了大家的喜爱,如果他敢把女王写成反面角色,他早就人头落地了。

尽管在哈姆雷特这样的剧中,就有"女人啊,你的名字是弱者!"这样的台词。但是这并没有影响伊丽莎白女王一世、就坐在舞台对面的包厢里看戏。因为称女人脆弱是一种赞美,反之,如果一个女人被说成刚强,则一般被认为是一种污蔑。

女王的宽容,成就了莎士比亚的艺术高度,也成就了英国人民的面貌和气质。如今,在他的故居,已竖起了近200多个国家的国旗,每一面都代表一个国家翻译了他的作品。他的名声也可想而知。就像中国人研究"红学"一样,对莎士比亚的研究也成了一门学问,叫做"莎学"。

莎士比亚在20余年内共写了37部戏剧,他的戏剧多取材于历史记载、小说、民间传说和老戏等已有的材料,反映了封建社会向资本主义

莎士比亚就埋在这下面

社会过度的历史现实,宣扬了新兴资产阶级的人道主义思想和人性论观点。

由于一方面广泛借鉴古代戏剧、英国中世纪戏剧以及欧洲新兴的文化艺术,一方面深刻观察人生、了解社会、掌握时代的脉搏,故使莎士比亚得以塑造出众多栩栩如生的人物形象,描绘广阔的、五光十色的社会生活图景,并使之以悲喜交融、富于诗意和想象,寓统一于矛盾变化之中以及富有人生哲理和批判精神等特点著称。

他的作品从生活真实出发,深刻地反映了时代风貌和社会本质。他认为,戏剧"仿佛要给自然照一面镜子:给德行看一看自己的面貌,给荒唐看一看自己的姿态,给时代和社会看一看自己的形象和印记"。

▌这里到处弥漫着莎翁气息

莎士比亚在自己52岁生日那天不幸去世,葬于斯特拉特福的圣三一教堂,整个小镇都"弥漫"着莎士比亚的味道,除皇家莎士比亚剧院演出、莎士比亚故居、莎士比亚墓外,小镇还开发了相关的古建筑园艺、河流文化游览等新项目。据说这座小城当地人口只有6万,但因为莎士比亚的大名,每年吸引了世界各地200多万的游客。

小镇里到处是跟莎士比亚有关的书店、餐馆和商店,商店里也都是跟他相关的商品:书籍、唱片、服装等都印上了莎士比亚的头像,就连巧克力和茶叶盒上也是他的名字。

即使在莎士比亚墓地所在的教堂里,也专门开辟了一个房间出售"莎"字头的纪念品:大部分是莎士比亚戏剧全集,邮票大小的袖珍版《哈姆·雷特》,还有一些很精致的画轴,连小学生用的木头尺子上,都刻着莎士比亚作品的年表。

现在每年都有数以千万计的人像朝圣一般去瞻仰他的墓地。

哈姆雷特

著名悲剧之一,是莎士比亚最负盛名的剧本,同《麦克白》、《李尔王》和《奥赛罗》一起组成莎士比亚"四大悲剧"。在《哈姆雷特》中,复仇的故事中交织着爱恨情愁。同时,哈姆雷特也是该剧主人公丹麦王子的名字。后有据此改编的同名电影和越剧、京剧等艺术作品。

图说世界著名陵墓

25 汉阳陵（中国）
——文景之治的盛况

中国国旗

1. 中国占地面积最大的博物馆
2. 他在位时米价十分实惠
3. 国库充盈到连串铜钱的线都腐烂了
4. 研究西汉生活的重要场景
5. 它向世人展示"文景之治"的盛况

◪ 中国占地面积最大的博物馆

汉景帝在西汉历史上占有重要地位，他继承和发展了其父汉文帝的事业，与父亲一起开创了"文景之治"；又为儿子刘彻的"汉武盛世"奠定了基础，完成了从文帝到武帝的过渡。

汉景帝刘启是西汉第六位皇帝，在位16年，享年48岁，景帝从登基那天起就无时无刻不在考虑身后的储位问题，他一共生了14个儿子，却没有一个嫡出。原来，景帝的正妻薄皇后，是祖母薄太后的娘家孙女，在他做太子时由祖母指定包办的。薄皇后始终未生一男半女，于是便引起了对储位激烈的明争暗斗。

他死后被葬在汉阳陵，又称阳陵，这里是他和皇后王氏同茔异穴的

出土的动物陶塑

合葬陵园，位于今天的陕西省咸阳市渭城区正阳镇张家湾、后沟村北的咸阳原上，地跨咸阳市渭城区、泾阳县、高陵县三县区。

汉阳陵始建于公元前153年，至公元前126年竣工，陵园占地面积20平方千米，修建时间长达28年。现已建成汉阳陵博物馆，是一座巧妙融合现代科技与古代文明、历史文化与园林景观于一体的大型文化旅游景区，是中国占地面积最

大的博物馆。

他在位时米价十分实惠

汉景帝的生母是窦太后。孝文皇帝在代国的时候，前一个王后有三个儿子，等到窦太后得宠，前一个王后去世，三个儿子也相继死亡，所以景帝得以继承帝位。

景帝即位后，继续执行父亲汉文帝重农抑商这一既定国策。景帝说："农，天下之本也。黄金珠玉，饥不可食，寒不可衣，以为币用，不识其始终。"因此，他多次下令郡国官员以劝勉农桑为首要政务。

景帝允许居住在土壤贫瘠地方的农民迁徙到土地肥沃、水源丰富的地方从事垦殖，并租"长陵田"给无地少地的农民。同时，还多次颁诏，以法律手段，打击那些擅用民力的官吏，从而保证了正常的农业生产。

景帝还曾两次下令禁止用谷物酿酒，更禁止内郡以粟喂马。足见其对农粮的重视。

文景时期的社会渐趋稳定，物价日益低廉，据学者统计，在整个西汉时期，文景统治的近40年内，直接关系到国计民生的米价下跌的幅度最大，这就为其他各项社会事业的发展奠定了良好的基础。

国库充盈到连串铜钱的线都腐烂了

景帝时期，他采取"轻徭薄赋"的制度，对农民的剥削和压迫，都比以

汉阳陵

前要轻。

他还特别注重教育事业的发展,提倡办学,当时在教育领域中最突出的就是文翁办学。文翁是当时通晓通晓《春秋》的大才子,景帝任命他为蜀郡太守,他很赞赏文翁的办学模式,在全国予以推广。

景帝一面弘扬文教礼仪,一面又打击豪强。为了保证上令下达,景帝果断地采取了多项措施,重要的有两项:一是在修建阳陵时,效法汉高祖迁徙豪强以实关中的做法,把部分豪强迁至阳陵邑,使他们宗族亲党相互分离,削弱他们的势力,以达到强干弱枝的目的。二是任用酷吏,如郅都、宁成、周阳等,严厉镇压那些横行郡国、作奸犯科者,收到了杀一儆百的功效,使那些不法豪强、官僚、外戚等人人自危,个个慌恐,其不法行为大大收敛,这便局部地调整了阶级关系,有利于社会的发展。

由于推行了上述措施,就进一步促进了社会经济的稳定和发展。人口翻番,国内殷富,府库充实。据说,景帝统治后期,国库里的钱堆积如山,串钱的绳子都烂断了;粮仓满了,粮食堆在露天,有的霉腐了。

但是,文景时期社会经济的发展,又带来了贫富悬殊的分化。这种状况,既为后来汉武帝实施"雄才大略",提供了雄厚的物质基础;也给西汉中期带来了新的社会问题。

研究西汉生活的重要场景

汉景帝后元三年,景帝患病,病势越来越重,他自知不行了,于是病中为太子主持加冠,临终前,他对太

汉阳陵地下博物馆入口

子刘彻说："人不患其不知，患其为诈也；不患其不勇，患其为暴也。"意思就是说不但要知人、知己，还要知机、知止。

景帝似乎已经感觉到儿子有许多异于自己的品质，把天下交给他是放心的。不久，景帝病死于长安未央宫，享年48岁。葬于阳陵。

汉阳陵帝陵封土高约31米，陵底边长160米，顶部东西54米，南北55米，陵园为正方形，边长410米，四边中央各有一门，均距帝陵封土110米。

帝陵园内86座从葬坑的钻探发现和试掘为汉陵的田野调查、钻探和发掘提出了新的课题，为帝陵制度的研究开辟了新的视野。

这些从葬坑的分布和坑内陪葬物品的放置，无疑与当时宫廷的制度等有关，因而对这批从葬坑的发掘和研究，对汉代宫廷制度、帝王生活、陪葬习俗的研究都具有重大价值。

武士俑、仕女俑

▣ 它向世人展示"文景之治"的盛况

汉阳陵出土的汉俑十分引人注意。他们只有真人的三分之一大小，约60厘米高，赤身裸体且没有双臂。据研究，这些陶俑在刚刚完工时都身着各色美丽的服饰，胳膊为木制，插入陶俑胳膊上的圆孔，以便木胳膊可以灵活转动，但经过千年的风霜之后，衣服与木胳膊都已腐朽，因此只剩下了裸露而残缺的身躯。

兵马俑的队伍中有一部分是女子，大多面目清秀，身材匀称，但也有一些颧骨突起，面貌奇异，可能是当时的异民族兵员。比起秦始皇兵马俑的肃穆与刚烈，阳陵汉俑显得平和而从容,正反映了"文景之治"中安详的社会氛围。

在汉阳陵中还发现了35具人骨架,墓葬排列无序,尸骨凌乱,相互枕籍,埋葬草率,均无陪葬品。骨架上大多戴有钳、钛等类铁制刑具,有的还有明显的砍斫痕迹。这些人骨被怀疑是陪葬人群。

1998年以来,陕西省委、省政府根据该省实际情况,结合汉阳陵遗址分布密集、规模宏大,地上、地下文物资源十分丰富等特点,开始开发汉阳陵,并且修建了陈列馆,陈列馆面积1400平方米,展线350米,展出文物1770件。

同时,还限制性开放了南区从葬坑、罗经石遗址、帝陵排水渠道、南门阙遗址和帝陵从葬坑等六个零散景点。这里呈现了西汉社会的政治、经济、文化生活等方面的景象,为西汉诸陵的考古研究工作提供了大量详实的实物资料,起到了先导和借鉴的作用,汉阳陵考古陈列馆的对外开放则向世人展示了整个"文景之治"的盛况。

迷你知识卡

文景之治

文景之治是指中国西汉汉文帝、汉景帝统治时期。

汉初,社会经济衰弱,朝廷推崇黄老治术,采取"轻徭薄赋"、"与民休息"的政策。

汉阳陵博物馆

26 马其顿王陵（希腊）
——亚历山大之父

希腊国旗

1. 妄图征服天下的国王
2. 他曾在尸体堆里歌舞饮宴
3. 在女儿的婚宴上被仇敌刺死
4. 重 8.42 千克的纯金骨灰箱
5. 腐朽的木床

■ 妄图征服天下的国王

在希腊北部萨洛尼卡城西南 64 千米的韦尔吉纳村，有一座古老的陵墓——马其顿王陵，这里"沉睡"着一位野心勃勃、妄图征服天下的国王——古希腊马其顿王菲利普二世。他是著名的亚历山大大帝的父亲。

雅典最杰出的演说家德谟斯提尼认为，菲利普二世是蛮人、僭主和暴君，他不但不能拯救，而且还将使希腊的独立、自由和文化窒息。

他登基后，进行了一系列的军事、财政改革，建成了统一的马其顿王国，并使之在希腊诸邦中迅速崛起，一跃成为不容忽视的军事强国。

■ 他曾在尸体堆里歌舞饮宴

马其顿虽不属于传统的希腊城邦，但与希腊城邦间有着千丝万缕的

金币上的菲利普二世

联系，菲利普早年就曾在希腊的底比斯城邦为质。菲利普回国之后，于公元前 359 年夺取了年幼的侄子的王位。

他经过 20 多年的励精图治，打造了一个强大的马其顿王国。他在内政方面，加强王权，改革币制，促进贸易，建立新城市，打开出海口，

但更重要的是在军事和外交方面的作为。

他建立了一支常备军,训练了一种战斗力很强的"马其顿方阵",并建立了强大的海军。他利用希腊城邦之间的矛盾,在公元前338年喀罗尼亚战役中大胜希腊联军,第二年在科林斯召开全希腊会议,成立了以马其顿为主导的科林斯同盟,确立了马其顿对希腊诸城邦的控制。

菲利普二世在位的20多年间,有条不紊地推行着领土扩张政策,希腊城邦那些昏庸无能、目光短浅的大奴隶主贵族哪里是他的对手,整个希腊世界即将匍匐在他的脚下。

公元前338年,菲利普亲率大军与希腊同盟军进行决战,大获全胜。狂喜的菲利普二世纵酒大醉,在战死的雅典人及其盟军的尸首之间举行歌舞饮宴。或许对于他来说,这些尸体已不再是与他同类的人,而只是证明他的胜利的物件。显然,他具有侵略者的自私与冷酷无情。

公元前338年或337年,菲利普在科林斯召开全希腊城邦大会,结束了古典时代的希腊历史。以后,马其顿便成为希腊世界命运的主宰,昔日称霸一时的雅典和斯巴达两大强邦降为马其顿王国的自治区。

菲利普二世之象牙头像

▣ 在女儿的婚宴上被仇敌刺死

公元前336年春,菲利普二世把侵略的目标移到了波斯,他已派出3万余人的先遣队。就在紧锣密鼓招兵买马的气氛中,一场突发的宫廷骚乱彻底打碎了他再次率军出征的计划。

公元前336年夏天,马其顿王国的旧都皮拉正在举行菲利普二世女儿盛大的结婚典礼。她将嫁给伊庇鲁斯国王、她舅舅奥林匹亚斯的弟弟。

婚礼办得十分奢华、热闹。菲利普身穿节日的白袍、喜气洋洋,没有佩带武器,在一群喜庆的宾客簇拥下,走进礼堂。谁也没有想到,正当菲利普通过礼堂入口时,一名卫兵打扮的人突然冲了出来,拔出短剑直往菲利普胸前刺去,腓力未及躲闪,转瞬间就倒在血泊之中。

凶手早已备好马匹,打算事成后立即跃马逃遁,哪知马脚被野藤绊住,使他从马鞍上摔了下来,当场被人击毙。凶手名叫鲍舍尼亚斯,是一个年轻的贵族。从此这位一心致力于开疆拓土的君主再也无法踏上其他王国的土地,只能静静地长眠于地下了。

马其顿王陵于 1977 年被希腊考古学家 M. 安兹罗尼科斯发现,并由他主持发掘。这是第二次世界大战以来希腊考古学的重大成果之一。王陵位于距地面 5.18 米的地下,在它的上面有一座被盗过的大理石墓,大理石墓上面则是一个周长 99 米,高 12.8 米的巨大土冢。如

马其顿棺木

图说世界著名陵墓

马其顿王陵内部

果菲利普二世能够知道有人压着他的头顶做了个屏障，不知是恼火抑或庆幸？

▎重 8.42 千克的纯金骨灰箱

马其顿王陵的形状看上去像是多立克柱式神庙。它分两个墓室，前小后大，大墓室为主室。墓门是多立克柱式的门廊，横楣上还留着猎狮图壁画的残迹。

在安兹罗尼科斯之前，这关闭了的墓门还未曾被人打开过。主室的面积约 4.46 平方米，正中间置放着白色大理石棺，石棺内有一只长方形的纯金骨灰箱，长 40 厘米，宽 33.5 厘米，重 10.8 千克。

骨灰箱的四足呈狮爪形，箱盖上刻着一颗图案化的大星，这是马其顿王室的星光形徽记，金光灿灿，光芒四射。骨灰箱的四壁饰以玫瑰花、棕榈叶和藤蔓等花纹图案，异常精美。

尤其是玫瑰花，花瓣内镶满宝石，金子的光泽与宝石的光芒互相辉映，华美难言。骨灰箱内盛着菲利普二世的骨灰和两颗牙齿，用紫色的锦缎包裹着，上面还覆盖着一顶金制的王冠，王冠上面装饰有橡树叶和橡实交缠的图案。

小墓室中也有一个同样的石棺，不过较小；棺内也有一个纯金的骨灰箱，形制与主室中的骨灰箱相仿，不过也较小，重 8.42 千克。纯金打造的骨灰箱与金冠的制作精美绝伦，为希腊考古中所仅见。

▎腐朽的木床

主室的石棺前放着一张木床，数千年岁月的堆积之下，木床已经朽坏，上面放着盔甲、青铜胸甲、金箔包裹的护胫、鞋履、刀、王笏和王冕；木床两侧有银杯、银瓶、矛、盾牌等随葬品，都是古希腊工艺的精品。

其中最为出色的是盔甲和盾牌。盔甲上刻有雅典女神和8个狮头浮雕，出土时它的金带和金环仍然熠熠生辉。木床上镶配着象牙浮雕和小型象牙头像，头像大小只有2.54厘米，雕刻技艺非常高超。

菲利普二世的儿子就是著名的亚历山大大帝，他是个拥有超凡才能和坚毅性格的君主，曾在希腊哲人亚里士多德的指导下受过很好的教育，他热爱荷马，崇拜阿喀琉斯，野心与他的父亲如出一辙。

菲利普二世在世时，据说每当亚历山大得知父亲的胜利消息便愁容满面，抱怨说留给自己开疆拓土的地盘已经不多了。菲利普的猝死，给了他施展自己抱负的大好机会，刚满20岁的他利落地稳住了当时的混乱局面，随后开始了近10年的规模空前的远征，从而使一个地跨亚欧非三大洲的空前大帝国呈现于世。

希腊是欧洲古代文明的发源地，希腊人创造了辉煌灿烂的古代文化。菲利普二世虽征服了希腊，但博大精深的希腊文化却早在他觊觎希腊疆土之先就已征服了他。

他是希腊文化栽培出的希腊的死敌，而从生到死，这个死敌都始终匍匐在他所践踏的土壤所滋生出的文化脚下，他坟墓中那些杰出的希腊艺术品就是明证。从这个意义上说，马其顿王菲利普二世失败了，而失败是任何侵略者的必然下场。

迷你知识卡

亚历山大大帝

亚历山大大帝（公元前356年7月20日—前323年6月10日），生于马其顿王国首都派拉城，曾师从古希腊著名学者亚里士多德，18岁随父出征，20岁继承王位，是欧洲历史上最伟大的军事天才，马其顿帝国最富盛名的征服者。他雄才伟略，勇敢善战，领军驰骋欧亚非大陆，使得古希腊文明广泛传播，是世界古代史上最著名的军事家和政治家。

贵族

最初指的是奴隶制社会和封建社会中，因权力、财产高于其他阶级而形成的上层阶级，包括军事贵族、世俗贵族、宗教贵族。

经过演变，贵族制度在一些国家延续下来，形成了稳定的贵族阶级。

27 托尔斯泰墓（俄罗斯）
——世间最美的坟墓

俄罗斯国旗

1. 世间最美的坟墓
2. 他长眠在亲手栽种的树下
3. 静穆而华丽的池塘
4. 他要一个最便宜的棺材和坟墓
5. 俄罗斯青年举行婚礼时都要来这里

■ 世间最美的坟墓

茨威格曾经写过一篇《世间最美的坟墓》，他说"我在俄国所见到的景物中再没有比托尔斯泰墓更宏伟、更感人的了。他的外孙女跟我讲，这些高大挺拔、在初秋的风中微微摇动的树木是托尔斯泰亲手栽种的。

托尔斯泰的墓其实只是树林中的一个小小长方形土丘，上面开满鲜花，没有十字架没有墓碑，没有墓志铭，连他的名字也没有。"

从俄罗斯首都莫斯科向西南驱车200多千米，便可到达中俄罗斯高地的一座城市——图拉。从图拉出来再走10几千米就到了著名的亚斯纳亚·波良纳庄园——俄罗斯大文豪托尔斯泰的庄园。

从托尔斯泰博物馆出来，经过他的马房，顺着一条羊肠小路信步走

列夫·托尔斯泰塑像

去，穿过林间空地和灌木丛，便到了这位伟大文豪的坟墓前。茨威格认为托尔斯泰的墓远远超过法国君王拿破仑墓和德国诗人歌德的墓，是"世间最美的、给人印象最深刻的、最

感人的坟墓"。

他长眠在亲手栽种的树下

托尔斯泰的墓只是一个长方形的土堆而已，无人守护，坟墓外围了一圈低矮的小栅栏，就连10岁大的孩子都可以跨过去，坟上长满了绿草，甚至没有修剪过的痕迹。

附近几株大树荫蔽着这个伟大文豪长眠的地方。只是在接近坟附近的区域写了一个"肃静"的俄文牌子，以及坟上瞻仰者敬献的一束白花才表明这是一块坟地。

据说，坟旁这些高大挺拔的树木是托尔斯泰小时候和哥哥亲手栽种的，因为他的保姆给他讲的一个古老传说称，亲手种树的地方会变成幸福的所在。

托尔斯泰晚年时，想起了这些童年往事，于是饱经忧患的老人决定将来埋骨于那些亲手栽种的树木之下。

静穆而华丽的池塘

列夫·托尔斯泰于1828年9月9日生于图拉省晓金区。托尔斯泰家是名门贵族，其谱系可以追溯到16世纪，远祖从彼得一世时获得封爵。正是因为托尔斯泰，使得亚斯纳亚·波良纳也成为了世界上为数不多的文化圣地之一。

这片贵族的领地是托尔斯泰母亲当年嫁妆中最大的一份，她嫁过来后又栽种了许多的乔木和灌木，如今

托尔斯泰庄园博物馆

图说世界著名陵墓

列夫·托尔斯泰的坟墓

已是绿荫参天、郁郁葱葱，有的老树有 200 年的树龄了。庄园至今保留了 30 公顷苹果树，这是因为托尔斯泰是喜欢苹果的。

托尔斯泰一生热爱劳动，他和农民们一道栽树，庄园中种满了椴树、云杉、白杨、桦树等树木，同时还种满了各种灌木丛，在展馆中的一把大刀就是他用来和农民一起锄草的。

他从小就在自己母亲的影响下非常同情俄罗斯农民的贫困和疾苦，所以他一生致力于改革俄罗斯当时的农奴制度，同时他也在身体力行，在体力劳动中获得大自然的宁静和对生命的思考。

在托尔斯泰庄园内的左手边，是一个很大的池塘，被托尔斯泰称为"静穆而华丽的池塘"。童年的托尔斯泰和小伙伴在池中游泳、钓鱼，老年的托尔斯泰曾在冬天冰冻的池面上锻炼身体。

庄园内野生的苜蓿、宽叶的牛蒡、刺人的荨麻随处可见。通往庄园深处的大道悠远、静谧。值得一提的是，庄园中根本没有任何修茸的柏油路或石子路，只是一条 100 多年前留下来的较宽的土路和由于走的人多了形成的林间小路。

托尔斯泰在构思他的鸿篇巨制时，常常在草地上散步，在长条木椅上沉思。他的第一部长篇小说《战争与和平》写于 1864 年，小说以 1812 年俄法战争为背景，将众多人物和丰富的生活素材编织成一幅 19 世纪初俄国生活的历史图景。

《安娜·卡列尼娜》也是他在这里花费5年时间创作的。从1889年开始，托尔斯泰用了10年时间，在他71岁高龄时完成了长篇小说《复活》。这部作品成为19世纪末批判现实主义的杰作。

可见，庄园于无论托尔斯泰本人还是世界文学史，都有着非凡的意义，就连门口的保安都可以不无自豪地说，即便是俄罗斯总统到来，都要步行进入这个庄园。

■ 他要一个最便宜的棺材和坟墓

沿着庄园这条百余年前的古老的土路走入树林中最茂密的地方，可以看到一栋十分朴素的乳白色二层小楼，这便是托尔斯泰故居。故居内的布局、陈设和作家的20 000多册藏书等都原封不动地得到了保留。

托尔斯泰前后在这里度过了60年，他那无比浩瀚、无比丰厚的作品、他的观点和学说以及他所生活的那个时代的种种矛盾、信仰和革命，都和这座庄园紧密相联。

在托尔斯泰眼中，亚斯纳亚·波良纳庄园就是俄罗斯的一个缩影。他曾经深情地写下他对这块土地的感受："如果没有亚斯纳亚·波良纳，俄罗斯就不可能给我这种感觉；如果没有亚斯纳亚·波良纳，我可能对祖国有更清醒的认识，但不可能这样热爱它"。

托尔斯泰一生都在追求自然、平静的生活，他一生中大多数的时光都是在远离莫斯科的自己庄园中度过，并热心进行解放农奴的实验，但结果却是失败和内心的孤寂。

托翁晚年的作品《安娜·卡列尼娜》、《忏悔录》、《复活》就体现了作家彷徨、困惑和对宗教的皈依。而文豪最大的痛苦并不是升官发财或者妻小儿女，而是对俄罗斯社会中尖锐矛盾的忧虑，对人生生死问题的追问。

于是，在他82岁的一个风雪之夜，他决定放弃所有财产，离家出走，最后客死于附近的一个小火车站的站长室内。根据托尔斯泰的遗嘱——

没有墓志铭的坟墓

"要像埋葬叫花子那样用最便宜的棺材为我做一个最便宜的坟墓",于是这块朴素至极的墓地成为了这位一生都在痛苦思考的作家的长眠之地。也许,这位作家只有在远离城市喧嚣的地方才能让自己的灵魂得以安宁。

俄罗斯青年举行婚礼时都要来这里

托尔斯泰6岁的时候,他的哥哥给他讲了一个故事:在庄园的树林里埋着一根小绿棍,小绿棍上写着能使人免遭不幸,永远幸福的奥秘。小托尔斯泰溜出家门,四处去寻找。当他失望而归时,塔吉雅娜姑妈告诉他,小绿棍在树林里是不容易找到的。但是幼小的托尔斯泰被这根能给别人带来幸福的绿棍深深地打动了,以后他穷其一生去寻找那根能给人类带来幸福的绿棍。

那片儿时寻找绿棍的密林,后来成为了他永远的归宿。在林荫小路的深处,一个长方形的土堆孤零零地躺在那里,土堆上长满了青青的小草。这就是托尔斯泰的墓地,没有墓碑,没有墓志铭,只有托尔斯泰童年时种下的几棵大树陪伴着他。

自从托尔斯泰安息于此后,近百年来,俄罗斯和世界各地的读者怀着朝圣的心态来拜访瞻仰作家的墓地——一块普通的不能再普通的小土坡。附近的俄罗斯青年举行婚礼时,也必然要来到这片庄园,向托尔斯泰的墓地献花致敬。

迷你知识卡

《安娜·卡列尼娜》

《安娜·卡列尼娜》是俄国著名作家列夫·托尔斯泰的代表作品。本书通过女主人公安娜的追求爱情悲剧,和列文在农村面临危机而进行的改革与探索这两条线索,描绘了俄国从莫斯科到外省乡村广阔而丰富多彩的图景,先后描写了150多个人物,是一部社会百科全书式的作品。

茨威格

斯蒂芬·茨威格是奥地利著名作家、小说家、传记作家。擅长写小说、人物传记,也写诗歌戏剧、散文特写和翻译作品。以描摹人性化的内心冲动,比如骄傲、虚荣、妒忌、仇恨等朴素情感著称,煽情功力十足。他的小说多写人的下意识活动和人在激情驱使下的命运遭际。他的作品以人物的性格塑造及心理刻画见长,在生活的平淡中烘托出使人流连忘返的人和事。

28 安徒生墓（丹麦）
——童话王子

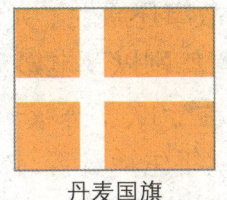

丹麦国旗

1. 童话国度的精灵王子
2. 制鞋匠家庭走出的孩子王
3. 曾经被当做女孩脱裤子检查
4. 灵魂可以永生
5. 海边的美人鱼

▎童话国度的精灵王子

从飞机上俯瞰丹麦的哥本哈根，像一幅童话般的美妙图景：湛蓝的大海，天水相接，能依稀看得见一些闪着白光的星星点点，火柴盒式的船只在大海航行。中间是碧色的岛，从丹麦通往瑞典的跨海大桥连着岛，一直延伸到海的尽头。

岛的东端，就是丹麦首都哥本哈根。从空中看去，哥本哈根与维也纳一样，大大小小积木式的房屋连成一片，茂密的树木镶嵌其间。没有高楼大厦，最多也只是一些教堂的尖顶，参差不齐地从丛林中伸了出来；但它又不像维也纳，维也纳是个盆地，四

安徒生铜像

周丘陵，而这里是一派平原，郁郁葱葱，充满生机，海拔才4米，真是个童话王国。

在这个童话王国，长眠着一个童话王子，他就是安徒生，宛如一个纤尘不染的精灵，他和哥本哈根、和丹麦已成了三位一体，密不可分。而他的墓就在哥本哈根的公墓教堂。

制鞋匠家庭走出的孩子王

安徒生是丹麦作家、诗人，因为他的童话故事而世界闻名。他最著名的童话故事有《小锡兵》、《冰雪女王》、《拇指姑娘》、《卖火柴的小女孩》、《丑小鸭》和《红鞋》等。

安徒生的生前曾得到皇家的致敬，并被高度赞扬为给全欧洲的一代孩子带来了欢乐。他的作品已经被译为150多种语言，成千上万册童话书在全球陆续发行出版。他的童话故事还激发了大量电影、舞台剧、芭蕾舞剧以及电影动画的制作。

他生于欧登塞城一个贫苦鞋匠家庭，童年生活贫苦，体弱多病。母亲长父亲几岁，是一名洗衣妇。一家人住在一间窄小的房子里。

在父母自由的教育环境下，尤其是母亲的鼓励，使安徒生很早就展现出其想象才能。他在家中塔起了玩具剧场，并且给他的木偶做衣服；他阅读了大量的书籍；他甚至还记下了莎士比亚的所有剧本。

安徒生的父亲死后仅给安徒生留下了所有的制鞋工具，他也因此辍学在家，母亲唯一的谋生手段就是每天给别人洗衣服。在寒冷的冬天里河水的温度无法想象，她只好喝几口酒来驱寒。这在体面人看来，是多么粗鄙的行为！

刻薄的流言不胫而走，城里的人们都在窃窃私语——"鞋匠的老婆玛利亚是个嗜酒如命的女人！"安徒生为母亲感到无比屈辱。

多年以后，在童话《她是一个废物》中，他表达出深深的愤慨。他的童话作品中的许多形象都与他的童

安徒生雕像

年生活经历有关。

曾经被当做女孩脱裤子检查

在童年的贫穷生活中,他在织工和裁缝那里当过学徒,还在一家香烟工场做过工,并且有逸闻说那里的同事们戏称他是女孩子,还脱裤子检查过。

据证实,在1819年的复活节,安徒生在位于丹麦菲英岛北部港市欧登塞的圣克努特大教堂开始规划他的未来。他希望成为一个歌剧演唱家,于是在同年的9月去了哥本哈根,由于声音好,他被丹麦皇家剧院雇佣;但不久后嗓子却坏了,并因此失业。

起初,他在剧院里被当作一个疯子,受到冷落,甚至差点饿死,经过8年奋斗,终于在诗剧《阿尔芙索尔》的剧作中崭露才华。因此,他被皇家艺术剧院送进斯拉格尔塞文法学校和赫尔辛欧学校免费就读,历时5年。1828年,他升入哥本哈根大学。毕业后始终无工作,主要靠稿费维持生活。1838年获得作家奖金——国家每年拨给他200元非公职津贴。

安徒生终生未成家,1875年8月4日病逝于朋友——商人麦尔乔家中。

安徒生的故乡欧登塞城

灵魂可以永生

安徒生死后被葬在哥本哈根的公墓,名叫阿西斯顿。穿过一个风景优美的大湖,就是被一堵高高的黄墙围住的阿西斯顿墓场。

这里其实是一个很大的公园,高大的树木,宽广的草坪,不时可见有人在锻炼身体,坟墓就零星地散落在树木丛林之中。因此,要找到安徒生的墓地简直是需大费周折的。

安徒生的墓地是一处用雕花铁栏杆围着的小墓地。墓地很小,但端庄、素雅、优美。也许,这正合安徒生和丹麦人民的心意。墓前有一簇花丛,盛开着一朵朵鲜艳的深红色小花,墓的四周是修理得十分平整的松柏。

墓碑是个顶端微尖,整体近似长方形的青石板,上面刻有安徒生的姓名,生卒年月日,下方刻有一段古丹麦字的铭文,意思是:"上帝赐予我们每个人的灵魂是永远不会泯灭的。神赐予我们的肉体可以消失,而灵魂却是可以永生的。"

海边的美人鱼

在哥本哈根海滨的海边大石上,侧身坐着一个和真人一般大小、依安徒生童话塑造的美人鱼铜像。这是哥本哈根以至于整个丹麦的标志性建筑,她已成了丹麦国家的形象大使,到丹麦的游人,无不要来这里和她合影,她可说是被人拍照最多的女人。

1913 年嘉士伯啤酒老板投资雕塑的这尊

美人鱼塑像

美人鱼铜像至今已92岁了。92年来,她经历了多次灾难:两次被人偷去了头颅,一次被割去了手臂,不过,人们立即给她重铸,恢复了原来的面貌。

由美人鱼的童话可以看到安徒生童话的一个特点,他的童话欢笑和快乐并不多,甚至还有不少悲伤和痛苦,然而却充满了人性的善良和博爱。而美人鱼铜像的沧桑经历,好像也是安徒生童话的一个续篇。

市政大厅左侧,矗立着一座安徒生铜像,戴着礼帽,柱着拐杖,手拿童话书,昂首侧目,正襟危坐。旁边就是宽敞的安徒生大道。

这里还有个故事:当年为他雕塑铜像的设计是一群孩子爬在他背上,坐在他膝盖上,傍在他腿边,他很不高兴。他说他的童话是同时给成人和小孩们看的。小孩们只能听懂童话的外层,只有人生经历丰富的成年人才能领悟到童话的内涵真谛。

于是,雕塑家就把铜像修改成现在这般模样,小孩们全去掉了,留下的就是他凝望独思的形象——一个眼中常含着泪水,对苦难的人民爱得深沉的平民作家。

在历史长河中,一个人的一生,来去匆匆,非常短暂。在这一生中,你可以是丑小鸭,也可以成为白天鹅,可以叱咤风云、煊赫一时,也可以隐忍一世、默默无闻,但最后都要走进自己的坟墓。不管你如何作秀留名——刻在花岗石上、写进历史书中,海会枯、石会烂,一切仍如过眼烟云,稍纵即逝,惟有他的精神可以超越时空,从坟墓中走出来。

迷你知识卡

《卖火柴的小女孩》

《卖火柴的小女孩》由丹麦著名童话作家安徒生所作。它主要讲了一个卖火柴的小女孩在富人阖家欢乐、举杯共庆的大年夜冻死在街头的故事。小女孩死了,嘴角却带着微笑,通过擦燃火柴的美好幻想与她饥寒交迫的现实生活形成了鲜明的对比。

安徒生通过这个童话,表达了对穷苦人民悲惨遭遇的深刻同情,和对当时社会的不满。

《拇指姑娘》

世界著名童话,作者为丹麦安徒生。讲述一个只有大拇指大小的姑娘的历险故事。她的心永远向往着阳光,不向黑暗而屈服。此童话被多次改编为动画片及电影。

29 西夏王陵（中国）
——东方金字塔

中国国旗

1. 神秘的东方金字塔
2. 西夏文化的旅游胜地
3. 简朴的帝王陵墓群
4. 修建机场挖掘出的千年陵墓
5. 九座帝王陵组成的北斗星图

◤ 神秘的东方金字塔

西夏王陵位于宁夏回族自治区银川市西约30千米的贺兰山东麓，是西夏王朝的皇家陵寝。在方圆53平方千米的陵区内，分布着九座帝陵，253座陪葬墓。一座座黄色的陵台，高大得像一座座小山丘，在贺兰山下连绵展开，在阳光照映下，金光灿烂，十分壮观。它是中国现存规模最大、地面遗址最完整的帝王陵园之一，也是宁夏最重要的一处历史遗产和最具神秘色彩的文化景观。

1988年被国务院公布为全国重点文物保护单位、国家重点风景名胜区。被世人誉为"神秘的奇迹"、"东方金字塔"。

西夏王陵受到佛教建筑的影响，使汉族文化、佛教文化、党项族文化

西夏王陵遗址近景

有机结合，构成了我国陵园建筑中别具一格的形式。

在我国119处国家重点风景名胜区中，西夏王陵是惟一的以帝王陵墓构成单一的景区。虽然已遭到了破坏，然而，外形虽毁，但骨架尚存，宏伟的规模、严谨的布局、残留的陵丘，仍可显示出西夏王朝特有的时代气息和风貌。

西夏文化的旅游胜地

西夏是11世纪初以党项羌族为主体建立的封建王朝。在历史上存在了189年,经历10代皇帝。

西夏王陵内现存9座帝陵,254座陪葬墓,不仅吸收了秦汉以来,特别是唐宋皇陵之所长,同时又受到佛教建筑的影响,使汉族文化、佛教文化与党项民族文化有机地结合在一起,构成了我国陵园建筑中别具一格的形式。

西夏王陵中每座帝陵陵园均是一个完整的建筑群体,占地面积在10万平方米以上,坐北朝南,平地起建。高大的阙台犹如威严的门卫,耸立于陵园最南端。碑亭位于其后,这里曾停放着用西夏文、汉文刻制的歌颂帝王功绩的石碑。

西夏王陵三号陵茔域面积15万平方米,是西夏王陵九座帝王陵园中占地最大的和保护最好的一座,考古专家认定其为西夏开国皇帝李元昊的"泰陵"。

为了让海内外人士了解西夏历史、探究西夏文化,在不断加强西夏王陵陵区文物保护工作的同时,着力开发了以三号陵为中心的游览区,相继建设了西夏博物馆、西夏史话艺术馆、西夏碑林等能够展示西夏深厚历史文化的景点。使西夏王陵成为领略西夏文化、寻古探幽的旅游胜地,也使它以诱人的魅力和与中原地区迥然不同的西夏文物古迹而具有无限的吸引力。

简朴的帝王陵墓群

1227年,蒙古灭西夏,战火殃及

西夏王陵

西夏王陵遗址

陵区，地面建筑全部被毁，西夏王陵大部分被破坏。历朝历代帝王贵胄们既希望陵寝恢宏壮丽，又希望能够不被盗掘，高大的封土便成了防止盗掘的重要屏障。明清两代皇帝陵墓，都把盛放帝王棺椁及殉葬品的墓室建在如山般高耸的封土下方；而西夏王陵的陵台，却不是位于墓室的正上方，而是位于墓室以北10米处，根本起不到封土的作用。另外，西夏王陵墓道的入口设置在献殿内部，这也是帝王陵寝中有所不同的。

隐藏墓道的走向是帝王陵墓营造时最为隐秘的工作之一，明代万历皇帝的定陵墓道入口就设置在宝城的侧面，令人难以察觉，20世纪50年代发掘时曾让考古人员苦思冥想，大费周折。

而西夏的皇帝们似乎并不担心这一点，除了墓道入口直接设置在献殿以外，西夏帝陵的献殿至陵台之间还有一条突起于地面之上的鱼脊梁封土，墓道就埋藏在封土下方。

考古发掘显示，和奢华的唐宋帝陵相比，西夏王陵的墓室要"简朴"得多，是由中央的主室和左右耳室构成的三室土洞式结构，陪葬品也相对较少。这种种鲜见的特征，毫无疑问都是党项民族的创造。

修建机场挖掘出的千年陵墓

1972年6月,兰州军区某部在宁夏贺兰山下修建一个小型军用飞机场。十几天之后,几个战士在挖掘工程地基的时候,意外的挖出了十几件古老的陶制品。

它们当中有几个破碎的陶罐,还有一些形状较为规则的方砖。方砖的上面竟刻有一行行的方块文字!战士们谁也看不懂。部队首长看过后,命令战士们立即停止工程挖掘,将这一情况迅速报告给宁夏博物馆。

宁夏博物馆的考古人员来到距离银川市40千米的工程现场,对现场的保护做了必要的安排,同时开始进行抢救性挖掘。10天之后,一个古老的墓室终于在这个坑道下重见天日。

墓室中发现了一些武士像等巧夺天工的工笔壁画,同时还出土了一些古代精巧的工艺品及方砖等陶制品,方砖之上布满了方块文字及花纹,经过考古人员仔细的研究和测定,认为这是一个古代西夏时期的陵墓。而出土的方块字正是今天被人们看作天书的西夏文!

王陵出土的佛像

千年之前,西夏文明突然湮灭在茫茫的历史烟尘之中。如今这项规模并不大的挖掘,却可以说是一个重大的发现。

考古人员们立即在这片荒漠中跋涉不已,以求新的发现。结果到底没有让他们失望——连绵的贺兰山背景中,一片无垠的野性大漠托起一个又一个金字塔形高大的黄土建筑,在广阔的西部天空下显得格外雄伟。

每个较大的黄土建筑周围,均环绕着方形的城墙等辅助性建筑,像一座座神秘的城堡。而它们的断壁残垣在经历风蚀日晒之后,却显现出一种永不屈服于时间和沙暴磨砺的坚韧。当时,考古人员在这里共发现有高大墓冢的陵墓15座,并按调查顺序进行了首次编号。不久,他们最终认定这些雄伟的建筑正是西夏皇家陵墓。西夏王陵在这里静卧了千年之久。

九座帝王陵组成的北斗星图

考古工作者还对陵区进行了多次全面系统的调查与测绘,先发现的大小不等的陵墓由15座增加到70多座,后又增加到近百座、200余座,截至1999年共发现帝陵9座、陪葬墓253座,其规模与河南巩县宋陵、北京明十三陵相当。

专家证实,还有一些尚未发现的和由于贺兰山山洪等自然因素而消失的陵墓并不在少数,因此于其真实数量现在仅可见一斑。然而,就目前东西5千米,南北10多千米,总面积50多平方千米,如此之大的皇家陵园在中国已实属罕见。

西夏王陵虽没有秦陵的铺张、没有唐陵的华彩、没有明陵的气派、没有宋陵的考究,却更表现出一种磅礴的气势。难怪有关学者感叹,若能恢复西夏王陵本来富丽堂皇的建筑、松柏相映的环境和紫烟氤氲的气氛,宏大壮丽的帝王陵园景象将再现于西北边陲。在精确的坐标图上,人们还惊奇地发现,九座帝王陵组成一个北斗星图案,陪葬墓也都是按星象布局排列!这不得不让人佩服古人的星象文化。

迷你知识卡

壁画

墙壁上的艺术,即人们直接画在墙面上的画。作为建筑物的附属部分,它的装饰和美化功能使它成为环境艺术的一个重要组成部分。壁画为人类历史上最早的绘画形式之一。

中国陕西咸阳秦宫壁画残片,距今有2300年。汉代和魏晋南北朝时期壁画也很繁荣,20世纪以来出土者甚多。唐代形成壁画兴盛期,如敦煌壁画、克孜尔石窟等,是当时壁画艺术的高峰。宋代以后,壁画逐渐衰落。1949年后,中国壁画才得到恢复与发展。

30 肖邦墓（法国）
——钢琴诗人

法国国旗

1. 远离母亲的波兰孤儿
2. 漂泊在异乡的钢琴王子
3. 与女作家乔治·桑的叛逆恋情
4. 她称他为"我亲爱的尸体"
5. 墓地在巴黎，心脏在华沙

■ 远离母亲的波兰孤儿

肖邦是波兰钢琴家，年少成名，后半生正值波兰亡国，在国外度过，创作了很多具有爱国主义思想的钢琴作品，以此抒发自己的思乡情、亡国恨。其一生不离钢琴，被称为"钢琴诗人"。

当肖邦走进巴黎金碧辉煌的贵族沙龙的时候，正是世界文学史上难得一遇的黄金时代。

人们在沙龙里可以看到大作家巴尔扎克、雨果、缪塞、海涅、大仲马、司汤达和乔治·桑等在高谈阔论；可以欣赏大画家安格尔、德拉克罗瓦、鲁索等的旷世杰作，可以聆听大音乐家李斯特、罗西尼、门德尔松、舒曼无与伦比的演奏。他们每个人都是一颗耀眼的明星，而这些明星聚集在一起就像是一个群星灿烂的天空。

肖邦墓冢上的琴女

■ 漂泊在异乡的钢琴王子

肖邦生于1810年2月22日，出生后在热拉佐瓦·沃拉的家住了7个月。他的童年、青少年都是在华沙度过的，放假时才回到这里。

肖邦的父亲是法国人,当时在热拉佐瓦·沃拉的贵族斯卡莱克伯爵家当家庭教师。肖邦的母亲是斯卡莱克家族的表亲,她钢琴弹得很好,还擅长唱波兰民歌。肖邦有3个姊妹。姐姐露德维佳音乐天赋很高,是肖邦学习钢琴的启蒙老师。

肖邦最后一次回到这个家时已20岁。1830年10月,他怀着抑郁的心情离开祖国,这之后便长期生活在国外,再也没回过波兰。

1849年,由于常年受肺结核病的困恼,肖邦在巴黎市中心的家中去世。当年肖邦生前的愿望是安葬在华沙,可惜沙皇当局拒绝其尸体回国,只有其心脏辗转回国,并匿名安葬于圣十字教堂内,直到1918年波兰独立后,才设立了纪念碑。

与女作家乔治·桑的叛逆恋情

肖邦初到巴黎时,还不为人所知,在巴黎华丽的沙龙中,李斯特的慧眼第一个承认了肖邦的天才。李斯特把肖邦引进了巴黎的沙龙,也把他介绍给一位女人。

这天,肖邦即席弹了许多曲子,他弹得兴高采烈,完全沉浸在乐曲中,把听众也忘记了。当他尽兴弹完,抬起头来,闻到一阵薇奥丽特香水的芬芳。他才发现一双热情的眼睛正凝视着他。这位女性穿得很朴素,优雅而娴静地坐在他的钢琴旁。

肖邦雕像

她并不漂亮,身材矮小,已经开始发胖,但她有一双美好的眼睛和一个高高的哲学家的前额,给人一股男子气概乔治·桑第一眼就对肖邦的非凡气质产生了兴趣。可是,肖邦却没有立刻喜欢她。

他甚至还向朋友讲过这样的话:那个乔治·桑是一个令人讨厌的女人,不知道她是否真的是女人,我非常怀疑这件事。"乔治·桑确实是个特殊的女性。她蔑视传统、饮烈酒、抽雪茄、爱骑马、喜欢男装,骂起人来满口粗言秽语,谈情说爱时却百般柔情、千般风流。她是一个多情的女人,已经30多岁了,是两个孩子的母亲。她与诗人缪塞刚刚分道扬镳。

她称他为"我亲爱的尸体"

肖邦是个男子,却有女性气质。他面色苍白、身体纤细、体质柔弱、忧郁伤感,常常由于激动而疲惫不堪。

他在孤寂中生活,又无法摆脱对爱情的渴望。忧郁的阴影笼罩着他,他感到自己创作力在衰退,思想变得懦弱,想像变得苍白,灵感渐渐枯竭。

对于命运和对艺术创造力的忧虑不安,犹如双重阴影和双重枷锁,压抑在他心头。他那干枯的心田期待着爱情雨露的滋润。

肖邦的感情防线在乔治·桑夫人的进攻下很快就全线瓦解。他们相爱了。他们常常在奥特尔区约会,桑夫人在那儿的一幢公寓里租了一个房间。李斯特和他未来的夫人则租了另一个房间。他们四个人常常一起用餐,一起出入沙龙。

圣十字教堂

整个巴黎为之惊讶！善意的劝告和恶意的攻击都无济于事,他们情投意合。他爱上这个女人是不可避免的,又是可悲的。他需要这样的女人。这个拥有男子气的女人正是这个女人气的男人的必不可少的补充。

拥有真正的朋友们都为肖邦高兴,因为爱情不仅使他显得英俊健康,而且情绪活跃,感觉良好,充满自信。过去的神情恍惚、忧郁伤感竟然一扫而空。他的创作才能又获得了非凡的活力。

肖邦来到桑夫人在诺罕的庄园。这是一个典型的法国乡村,与肖邦的故乡有着完全不同的风情:在风景优美的草原上,坐落着这幢石头房子,晚上,从田野的远处传来牧羊人粗犷的奇特的歌声,这些都使肖邦激动不已。

作家、诗人、艺术家们也常到这儿来作客。肖邦在这儿享有最大的权利,他占有两间幽静的房子,一间摆着专门为他买来的钢琴,写字台和沙发;一间是恬静的卧室。在这里,他像在自己家里一样。

肖邦多年来第一次得到无微不至的关怀,这也是他一生中最幸福安定的时期了。他创作上成熟、智慧和力量的全盛时期也终于来到了。如果,没有乔治·桑的爱情,没有受到乔治·桑周围那一群大作家朋友的影响,他卓越的才华

墓前的鲜花带着仰慕者的祝愿

可能也不容易开花结果，达到高度的艺术境界。在这个时期里，他写成了一生中最重要的一些作品；他意识到这是乔治·桑夫人的爱带来的平静的心境和平静的创作环境的结果。

肖邦又不能平静地工作了，他的身体日渐不适，病魔的阴影时时威胁着他；巴黎的音乐活动和社交生活也在吞噬着他的健康。肖邦的生命化成了音乐，但他的生命力则在一天天衰退。乔治·桑夫人戏谑地称呼他："我亲爱的尸体。"

肖邦几次尝到了死亡的滋味，也逐渐变得过分敏感，被恐怖的幻想所包围，他的思想总是集中在死亡上面。而乔治·桑夫人仍然是生机勃勃，永不满足。他们不得不分手了，他们一起共同生活了九年。

■ 墓地在巴黎，心脏在华沙

在他患病弥留之际，他姐姐从华沙赶到他身边。肖邦对姐姐说："波兰反动政府是不会允许把我的遗体运回祖国的，不过你一定要把我的心脏带回去。"根据肖邦的遗愿，他被葬于巴黎市内的拉雪兹公墓。虽被安葬在巴黎，但是他要求将它的心脏，装在瓮里并移到华沙。

后来，肖邦的好友将故乡的一罐泥土带到巴黎，洒在肖邦的墓上，使肖邦能够安葬在波兰的土地下。他的墓，坐落在一个小山坡上。在低矮的墓碑上，有一个怀抱小提琴、沉浸在忧伤中的少女雕像。雕像寄托着人们对这位天才大师的惋惜和哀悼。

肖邦的墓前，无论是酷暑还是寒冬，一年四季鲜花怒放，就如同肖邦的鲜活而永恒的生命。生命的意义，不在于长度而在于宽度，这是真理！他永远都是少男少女心中年仅30岁的年轻"钢琴诗人"！

 迷你知识卡

乔治·桑

乔治·桑，(1804—1876)法国女小说家。是巴尔扎克时代最具风情、最另类的小说家。

早期作品被称为激情小说，代表作有《安蒂亚娜》、《华伦蒂娜》(1832)、《莱莉亚》(1833)等，都描写爱情上不幸的女性，对生活感到失望，不懈地追求独立与自由，充满了青春的热情与反抗的意志。

第二阶段作品为空想社会主义小说，代表作有《木工小史》(1840)、《康素爱萝》(1843)、《安吉堡的磨工》(1845)等。

图书在版编目（CIP）数据

图说世界著名陵墓/阚男男，闻婷编. -- 长春：吉林出版集团有限责任公司，2012.12
（中华青少年科学文化博览丛书／沈丽颖主编．文化卷）

ISBN 978-7-5463-9543-2-02

Ⅰ．①图… Ⅱ．①…②闻… Ⅲ．①陵墓－世界－青年读物②陵墓－世界－少年读物 Ⅳ．①K868.8-49

中国版本图书馆CIP数据核字（2012）第279868号

图说世界著名陵墓

作　　者／阚男男　闻　婷
责任编辑／张西琳
开　　本／710mm×1000mm　1/16
印　　张／10
字　　数／150千字
版　　次／2012年12月第1版
印　　次／2021年5月第3次

出　　版／吉林出版集团股份有限公司（长春市福祉大路5788号龙腾国际A座）
发　　行／吉林音像出版社有限责任公司
地　　址／长春市福祉大路5788号龙腾国际A座13楼　邮编：130117
印　　刷／三河市华晨印务有限公司

ISBN 978-7-5463-9543-2-02　　　定价／39.80元

版权所有　侵权必究　举报电话：0431-86012893